Elisabeth Wiecha
Silvia Hartkopf-Scholz

W0394416

Mathe KOOPERATIV! Klasse 5

Kernthemen des Lehrplans
mit kooperativen Lernmethoden
erfolgreich umsetzen

Auer Verlag

Bildquelle:

S. 32 Python frisst Alligator © Reuters/Handout

Gedruckt auf umweltbewusst gefertigtem, chlorfrei gebleichtem und alterungsbeständigem Papier.

1. Auflage 2014
Nach den seit 2006 amtlich gültigen Regelungen der Rechtschreibung
© Auer Verlag
AAP Lehrerfachverlage GmbH, Donauwörth
Alle Rechte vorbehalten
Das Werk und seine Teile sind urheberrechtlich geschützt. Jede Nutzung in anderen als den gesetzlich zugelassenen Fällen bedarf der vorherigen schriftlichen Einwilligung des Verlages.
Hinweis zu § 52 a UrhG: Weder das Werk noch seine Teile dürfen ohne eine solche Einwilligung eingescannt und in ein Netzwerk eingestellt werden. Dies gilt auch für Intranets von Schulen und sonstigen Bildungseinrichtungen.
Illustrationen: Stefanie Aufmuth, Corina Beurenmeister, Julia Flasche, Fiedes Friedeberg, Steffen Jähde, Hendrik Kranenberg, Barbara Schumann, Thorsten Trantow, Bettina Weyland
Umschlaggrafik: © alexhidan 89/Fotolia.com, Kristina Afanasyeva/Fotolia.com
Satz: fotosatz griesheim GmbH
Druck und Bindung: Kessler Druck + Medien, Bobingen
ISBN 978-3-403-**07318**-5
www.auer-verlag.de

Vorwort		4
Leitidee Zahl		**5**
Wiederholung der Grundrechenarten: Fachbegriffe und Rechengesetze	(Ich – Du – Wir)	5
Vorbereitung einer Quizshow zu den Grundrechenarten	(Ich – Du – Wir, Lerntempoduett)	9
Durchführung einer Quizshow zu den Grundrechenarten	(Der heiße Stuhl)	13
(Un-)Gleichungen mit gleicher Lösungsmenge	(Passt! Passt nicht!)	18
Leitidee Messen		**23**
Flächeninhalt	(Passt! Passt nicht!)	23
Erarbeitung der Umwandlungszahlen bei Gewichten	(Gruppenarbeit)	31
Quizshow zu den Größen Gewicht, Länge und Zeit	(Der heiße Stuhl)	39
Wiederholung der Größen: Einheiten und Umrechnungszahlen	(Ich – Du – Wir)	44
Leitidee Raum und Form		**48**
Eigenschaften ebener Figuren	(Passt! Passt nicht!)	48
Achsensymmetrie	(Passt! Passt nicht!)	55
Verschiebung: Ornamente mit Frottage-Technik	(Ich – Du – Wir)	62
Leitidee Funktionaler Zusammenhang		**65**
Wir planen unser Klassenfest!	(Ich – Du – Wir, Lerntempoduett)	65
Kalkulation eines Grillfestes	(Gruppenarbeit)	67
Lösungen		**79**
Methodensteckbriefe		**84**
Ich – Du – Wir		84
Lerntempoduett		85
Der heiße Stuhl		86
Passt! Passt nicht!		87
Gruppenarbeit		89

Vorwort

Was ist kooperatives Lernen?

Beim kooperativen Lernen arbeiten die Schüler[1] als gleichberechtigte Lernpartner in Kleingruppen zusammen, wodurch kognitives und soziales Lernen miteinander verbunden werden. Neben den Lerninhalten kommt so den sozialen Prozessen eine besondere Bedeutung zu – die Gruppenmitglieder entwickeln eine positive gegenseitige Abhängigkeit in dem Wissen, dass sie nur als wirkliches Team erfolgreich sein können. In der Kooperation nehmen die Schüler abwechselnd die Rolle eines Lehrenden und die eines Lernenden ein.

Kooperative Arbeitsformen im Unterricht

Kooperatives Lernen stellt eine große Bereicherung für den Unterricht dar. Im Austausch mit anderen erreichen die Schüler ein tieferes Verständnis der Inhalte: Sie argumentieren, sie entwickeln und reflektieren Begriffe und Vorgehensweisen, sie vergleichen unterschiedliche Lösungswege und verwenden verschiedene Darstellungsebenen für die Präsentation ihrer Ergebnisse. Wissen wird auf diese Weise flexibler und vom Kontext unabhängiger angeeignet. Langfristig erlernen die Schüler beim kooperativen Arbeiten die grundlegenden sozialen Kompetenzen, um auch im Team erfolgreich zu arbeiten: sich abzusprechen, sich zu akzeptieren und miteinander zu kooperieren. Fachliches und soziales Lernen werden gleichermaßen gefördert – was auch im zukünftigen Arbeitsleben eine besondere Bedeutung hat.

Weitere Effekte kooperativen Lernens

- Die Schüler entwickeln eine positive Einstellung zum Lerngegenstand.
- Das soziale Klima in der Klasse verbessert sich.
- Die Fähigkeit zum selbstständigen Arbeiten wird auf- und ausgebaut.
- Die Kommunikations- und Kooperationsfähigkeit steigt.
- Das Selbstwertgefühl und die Bereitschaft zur Verantwortungsübernahme steigen.
- Lernen wird umso effektiver, je aktiver die Schüler bei der Informationsaufnahme tätig sind. Individuelle Lernstrategien können entwickelt und ausprobiert werden. Neue Informationen müssen mit vorhandenen Informationen in Verbindung gesetzt werden.

Die Reihe „Mathe kooperativ“

Kooperative Arbeitsformen werden im Unterricht häufig aus pragmatischen Gründen vernachlässigt. Es herrscht Unsicherheit bei der Umsetzung der Lernmethoden oder der Aufwand für das Erstellen eigener Materialien ist hoch.

Die Reihe „Mathe kooperativ“ geht genau diese Probleme an und bietet Abhilfe durch praxiserprobte Materialien zum schnellen Unterrichtseinsatz mit Hinweisen, wie der Einsatz der Methoden erfolgreich funktioniert. Dabei werden die Kernthemen des Lehrplans abgedeckt, die sich optimal für kooperatives Lernen eignen. Die einzelnen Bände bauen aufeinander auf: Bereits verwendete Methoden, mit denen die Schüler schon sicher umgehen können, werden wieder aufgegriffen und mit neuen Methoden kombiniert.

Zur Arbeit mit dem Band

Jedes Thema wird mit einer oder mehreren kooperativen Arbeitsform(en) verknüpft. Die Themen können Einzelstunden oder auch Teil einer Sequenz sein. Im Rahmen jeder Einheit werden der Lehrkraft zunächst die kooperative(n) Lernmethode(n) erläutert und deren Einsatz mit Bezug auf das konkrete Stundenthema begründet. Fachdidaktische Anmerkungen, Tipps und Hinweise zur Durchführung sowie eine Auflistung des benötigten Materials schließen sich an. Entsprechende Kopiervorlagen (Materialseiten) werden direkt mitgeliefert. So kann fachlich fundiert, aber trotzdem ganz unkompliziert, eine Einheit mit kooperativem Lernen umgesetzt werden.

Die im Band verwendeten Methoden werden am Ende des Buches nochmals in kompakten Methodensteckbriefen erklärt und veranschaulicht. Lösungen zu den Arbeitsmaterialien runden den Band ab.

Mit diesen Materialien schaffen Sie erfolgreich eine kooperative Lernkultur, die zum Lernerfolg Ihrer Schüler beiträgt – gerade auch in heterogenen Klassen.

Viel Freude und Erfolg dabei wünschen Ihnen
Elisabeth Wiecha und Silvia Hartkopf-Scholz

[1] Aufgrund der besseren Lesbarkeit ist in diesem Buch mit Schüler auch immer Schülerin gemeint, ebenso verhält es sich mit Lehrer und Lehrerin etc.

Wiederholung der Grundrechenarten: Fachbegriffe und Rechengesetze

Methode

Die kooperative Methode „Ich – Du – Wir“ wird hier, wie im Methodensteckbrief beschrieben, für das Thema „Wiederholung der Grundrechenarten: Fachbegriffe und Rechengesetze“ angewandt. Durch diesen Dreischritt beschäftigen sich alle Schüler mit diesem Thema und so ergibt sich gemeinsam ein meist vollständiges Bild, auf dessen Basis dann weitergearbeitet werden kann. Dadurch dass alle Schüler am Prozess des Erinnerns und Kombinierens beteiligt sind, eignet sich diese Methode besonders gut für Wiederholungen.

➤ Methodensteckbrief: S. 84

Hinweise/Tipps

Kompetenzen

- inhaltsbezogene mathematische Kompetenzen im Bereich der Leitidee Zahl
- die soziale Kompetenz
- allgemeine mathematische Kompetenzen K1 (Mathematisch argumentieren), K4 (Mathematische Darstellungen verwenden) und K6 (Kommunizieren)

Hinweise zur Durchführung

Die Arbeitsaufträge (Materialseiten 1/2) können als Folien präsentiert werden. Dabei werden die Aufträge von der Lehrkraft – der Phase entsprechend – selektiv aufgedeckt. Da in der Ich-Phase jeder Schüler sein persönliches Vorwissen abrufen soll, ist es wichtig, hier auf die Einhaltung der Einzelarbeit zu bestehen.

Die Phasenwechsel werden durch Arbeitsaufträge angekündigt und durch akustische Signale eingeleitet.

Als Vorbereitung für die Wir-Phase können die Rechenzeichen (Materialseite 3) vergrößert (und farbig) an der Tafel befestigt werden. Je nachdem, ob und wie gut die Schüler eine Mindmap erstellen können, kann bzw. muss die Lehrkraft während der Wir-Phase helfend eingreifen.

Die Fachbegriffe können bei Bedarf im Regelheft oder im Mathematikbuch nachgelesen und so von den Schülern gemeinsam erarbeitet werden.

Material

- akustischer Signalgeber
- Materialseiten 1/2: jeweils auf Folie
- Materialseite 3: Anzahl der Schülerpaare
1 x vergrößert (und in verschiedenen Farben) für die Tafel
- leeres Papier: Schüleranzahl · 3
- Scheren
- ggf. Lösungsvorschlag zu S. 7 (s. Lösungen)

E. Wiecha/S. Hartkopf-Scholz: Mathe kooperativ! Klasse 5
© Auer Verlag – AAP Lehrerfachverlage GmbH, Donauwörth

Was weißt du über die Grundrechenarten?

1 Nimm dir 3 DIN-A4-Blätter.
Falte sie 2-mal der Länge nach und schneidet sie in 4 Streifen.

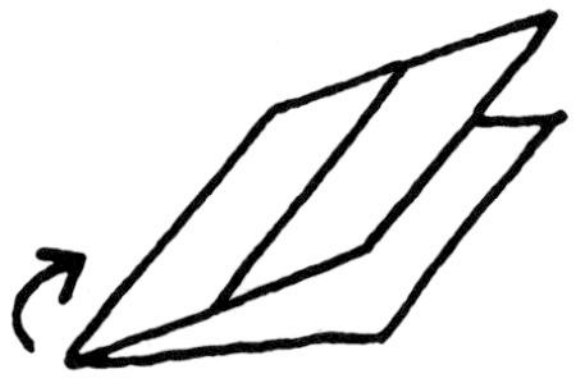

2 Was fällt dir zu dem Thema „Die Grundrechenarten: Fachbegriffe und Rechengesetze“ ein?

3 Notiere auf die Streifen alles, was dir zu diesem Thema einfällt.
- Notiere nur einen Begriff pro Streifen.
- Du hast 3 Minuten Zeit.
- Wenn du mehr Streifen benötigst, kannst du dir weitere Blätter am Lehrerpult holen.

4 Ertönt das Signal, hör auf zu schreiben und suche dir einen Partner.

E. Wiecha/S. Hartkopf-Scholz: Mathe kooperativ! Klasse 5
© Auer Verlag – AAP Lehrerfachverlage GmbH, Donauwörth

Was muss raus? Was bleibt drin?

1 Vergleiche deine Begriffe mit den Begriffen deines Partners. Sortiert doppelte Begriffe aus.

2 Holt euch das Blatt mit den 4 Rechenzeichen am Lehrerpult und schneidet diese aus.

3 Sortiert auf dem Tisch eure Begriffe zu den 4 Grundrechenarten.

4 Holt euch am Lehrerpult weitere Papierstreifen. Notiert, was euch zusätzlich zu den bereits aufgeschriebenen Begriffen einfällt.

5 Legt sie zu der jeweiligen Grundrechenart auf den Tisch.

6 Ertönt das Signal, hört auf zu schreiben und stellt eure Ergebnisse der Klasse vor.

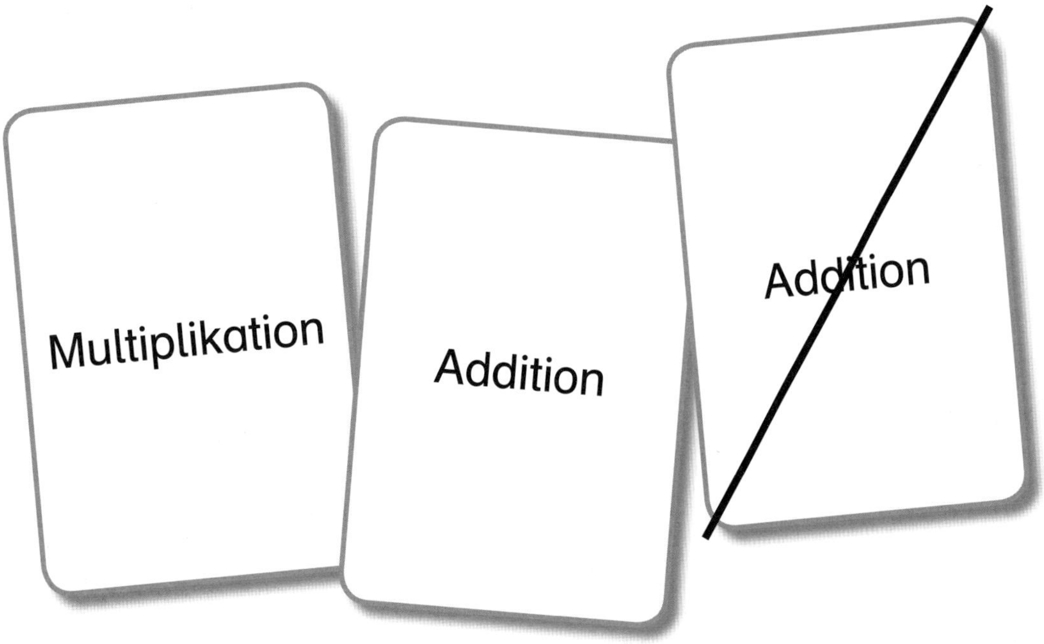

E. Wiecha/S. Hartkopf-Scholz: Mathe kooperativ! Klasse 5
© Auer Verlag – AAP Lehrerfachverlage GmbH, Donauwörth

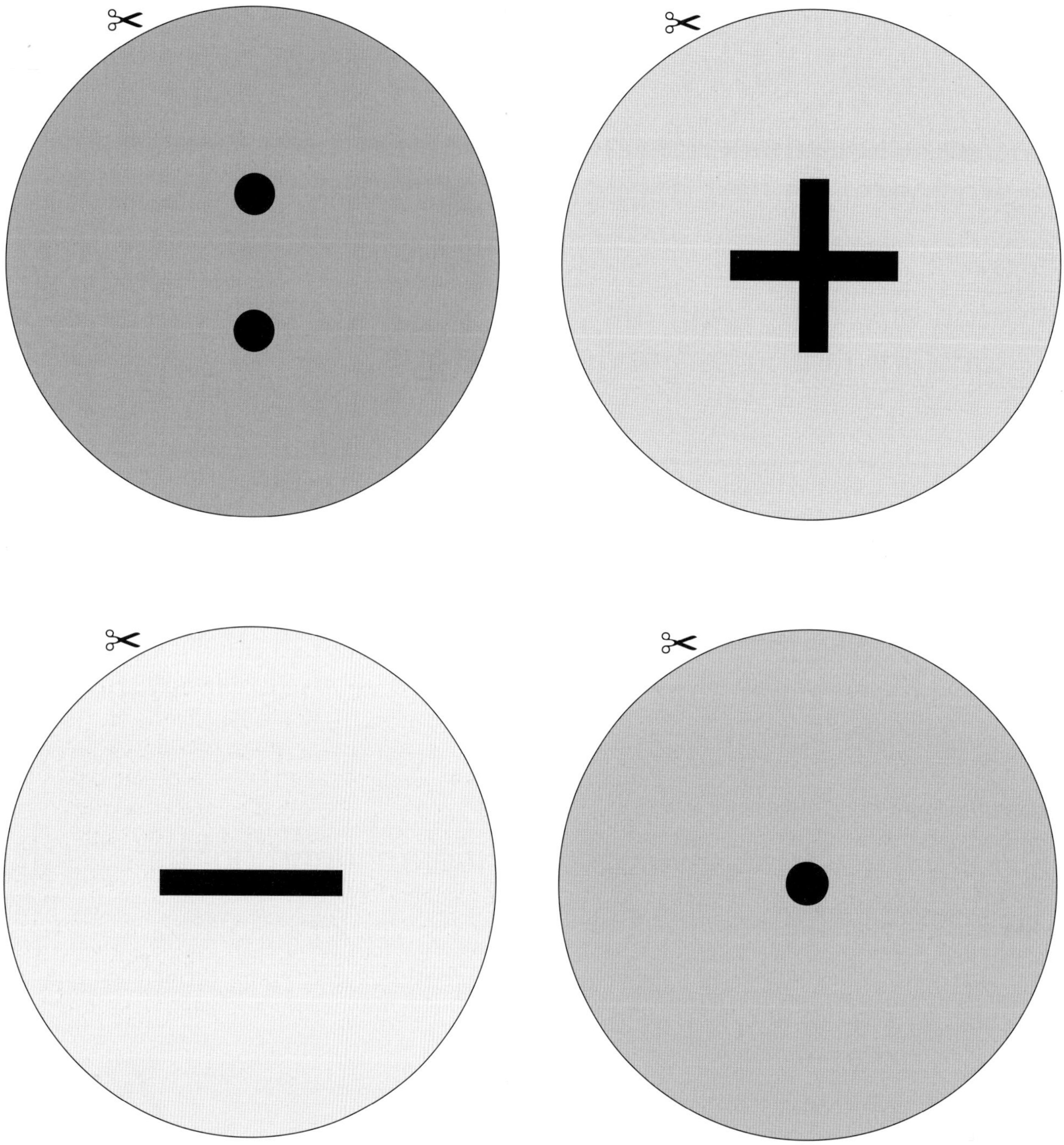

E. Wiecha/S. Hartkopf-Scholz: Mathe kooperativ! Klasse 5
© Auer Verlag – AAP Lehrerfachverlage GmbH, Donauwörth

Vorbereitung einer Quizshow zu den Grundrechenarten

Methoden

Für eine Quizshow benötigt man viele (verschiedene) Fragen. Hier wird die, teilweise langwierige, Vorbereitung auf viele Personen verteilt. Das hat mehrere Vorteile: Alle Schüler sind beteiligt und können sich so in die Thematik der Grundrechenarten einarbeiten. Und durch den persönlichen Beitrag wird automatisch Spannung aufgebaut.
Die Du-Phase eignet sich besonders gut, um die Aufgaben und Lösungen zu diskutieren und zu korrigieren. Die Partnersuche erfolgt über das Lerntempoduett, wodurch der Anteil der echten Lernzeit erhöht wird.

➤ Methodensteckbriefe: S. 84/85

Hinweise/Tipps

Kompetenzen

- inhaltsbezogene mathematische Kompetenzen im Bereich der Leitidee Zahl
- die soziale Kompetenz
- allgemein mathematische Kompetenzen K1 (Mathematisch argumentieren), K5 (Mit symbolischen, formalen und technischen Elementen der Mathematik umgehen) und K6 (Kommunizieren)

Hinweise zur Durchführung

Die Arbeitsaufträge (Materialseite 1) können auf einer Folie präsentiert werden. Wenn den Schülern die Findung und Formulierung von Aufgaben und Fragen schwer fällt, können für die Themen die Mindmap (s. Lösungsvorschlag zu S. 7) und für die Formulierung und Darstellung die Beispiele (Materialseite 2) Hilfestellung sein. Weitere Ideengeber und Hilfsmittel sind das Schulbuch oder das Regelheft. Leistungsstarke Lerngruppen können die Ich-Phase als Hausaufgabe bearbeiten, wobei hier die tatsächliche Einzelarbeit nicht gewährleistet werden kann.
Die Phasenwechsel werden durch die Arbeitsaufträge initiiert.
In der Du-Phase erfolgt die Partnersuche über das Lerntempoduett. Sollte diese Art der Partnerfindung neu sein, sollte die Lehrkraft dies erklären. Hierbei kann der Treffpunkt mit einem Schild markiert werden, z. B. einem Haltestellenschild. Zur Zeitersparnis können die leeren Quizkärtchen für diese Phase (Materialseite 3) bereits von der Lehrperson zugeschnitten zur Verfügung gestellt werden. Da die Diskussion der Lösungswege wichtige Kompetenzen schult, sollte für diese Phase genügend Zeit eingeplant werden.
In der Wir-Phase können die Fragen/Aufgaben im Klassenverband vorgestellt und verglichen werden, damit Doppelungen vermieden werden.

Material

- Materialseite 1: auf Folie
- Materialseite 2: mehrfach kopiert, ggf. in Streifen geschnitten
- ggf. Mindmap (s. Lösungsvorschlag zu S.7)
- Materialseite 3: vielfach kopiert, z. B. auf Karton
- Scheren

E. Wiecha/S. Hartkopf-Scholz: Mathe kooperativ! Klasse 5
© Auer Verlag – AAP Lehrerfachverlage GmbH, Donauwörth

Ein spannendes Quiz braucht viele Fragen/Aufgaben!

1 Arbeite zuerst alleine. Finde und formuliere mindestens 5 Fragen oder Aufgaben zum Thema „Die Grundrechenarten: Fachbegriffe und Rechengesetze“. Löse und beantworte deine Fragen oder Aufgaben.
Tipp: Am Lehrerpult gibt es Beispiele.

2 Wenn du fertig bist, gehe zum Treffpunkt und warte dort bis ein weiterer Schüler fertig ist. Hast du einen Partner, sucht euch gemeinsam einen Platz und stellt euch gegenseitig eure Fragen/Aufgaben/Lösungen/Antworten vor. Besprecht diese und rechnet, wenn nötig, nach.

3 Habt ihr alles besprochen, holt euch die Vorlage für die Quizkarten vom Lehrerpult und schneidet für alle Fragen oder Aufgaben Kärtchen zu.

4 Schreibt eure Fragen oder Aufgaben auf die eine Seite des Kärtchens und die jeweiligen Lösungen oder Antworten auf die Rückseite.

E. Wiecha/S. Hartkopf-Scholz: Mathe kooperativ! Klasse 5
© Auer Verlag – AAP Lehrerfachverlage GmbH, Donauwörth

Beispiele für Quizkarten

Vorderseite

Wer teilt den Dividend?

Rückseite

Divisor

Vorderseite

Finde den Platzhalter:

$$\begin{array}{rr} & 10{,}80\ € \\ + & 1{,}\square 0\ € \\ \hline = & 12{,}10\ € \end{array}$$

(Karte der Kandidatin/dem Kandidaten zeigen!)

Rückseite

Der Platzhalter heißt 3.

$$\begin{array}{rr} & 10{,}80\ € \\ + & 1{,}\boxed{3}0\ € \\ & {}_{1}\quad\ \\ \hline = & 12{,}10\ € \end{array}$$

Vorderseite

Wie lautet das Produkt aus den Zahlen 12 und 6?

Rückseite

Rechnung: 12 · 6 = 72
Das Produkt ist 72.

Vorderseite

Korrigiere die Rechnung:
15 – 3 · 2 = 24

Welche Rechenregel gilt hier?

(Karte der Kandidatin/dem Kandidaten zeigen!)

Rückseite

Korrekte Rechnung:
15 – (3 · 2) = 9

Rechenregel:
„Punkt vor Strich“

E. Wiecha/S. Hartkopf-Scholz: Mathe kooperativ! Klasse 5
© Auer Verlag – AAP Lehrerfachverlage GmbH, Donauwörth

Vorlagen für Quizkarten

E. Wiecha/S. Hartkopf-Scholz: Mathe kooperativ! Klasse 5
© Auer Verlag – AAP Lehrerfachverlage GmbH, Donauwörth

Methode

Mit der Methode des heißen Stuhls kann bei niedrigen Klassenstufen der Bereich der Rollenspiele in einem geschützten Raum angebahnt werden. Die Schüler übernehmen dabei eine überschaubare Rolle in einem vorgegebenen Rahmen, hier der einer Quiz-Sendung. Durch dieses Setting können z. B. die Grundrechenarten motiviert geübt werden.

➤ Methodensteckbrief: S. 86

Hinweise/Tipps

Kompetenzen

- inhaltsbezogene mathematische Kompetenzen im Bereich der Leitidee Zahl
- die soziale Kompetenz
- allgemein mathematische Kompetenzen K1 (Mathematisch argumentieren), K5 (Mit symbolischen, formalen und technischen Elementen der Mathematik umgehen) und K6 (Kommunizieren)

Hinweise zur Durchführung

Wird in Kleingruppen gespielt, bilden die Schüler 4er-Gruppen, ggf. mehr. Wenn es mehr als 4 Schüler sind und mit Rollenkarten (s. Materialseite 2) gearbeitet wird, können die Rollen der Experten und Kontrolleure mehrmals verteilt werden. Die Quizshow kann dann mithilfe von Materialseite 1 in den Gruppen selbstständig durchgeführt werden. Hierbei ist es wichtig, dass am Ende der Runde alle Schüler bewusst ihre jeweilige Rolle verlassen und in die neue Rolle schlüpfen.

Der Fragenpool kann zum einen mit der zuvor vorgestellten Stunde „Vorbereitung einer Quizshow zu den Grundrechenarten“ erarbeitet werden. Zum anderen können die vorbereiteten Quizkärtchen und Joker der Materialseiten 3/4 verwendet werden. Die Kärtchen müssen vor dem Einsatz ausgeschnitten und mittig geknickt werden, so dass der Kandidat nur die Frage/Aufgabe sehen kann. Werden die Kärtchen des vorherigen Themas „Vorbereitung einer Quizshow zu den Grundrechenarten“ mit einbezogen, sollten sie die gleiche Größe haben.

Bei mehreren Spielrunden, ggf. in den Folgestunden, gibt die Tabelle (s. Materialseite 1) den Schülern einen Überblick über die bereits eingenommenen Rollen und über den Punktestand. So kann die Quizshow einen gewissen Wettbewerbscharakter erhalten.

Material

- Materialseite 1: in der Anzahl der 4er-Gruppen
- Materialseite 2: in der Anzahl der 4er-Gruppen
- Materialseiten 3/4: laminiert, in der Anzahl der 4er-Gruppen, evtl. vergrößern
- Scheren

E. Wiecha/S. Hartkopf-Scholz: Mathe kooperativ! Klasse 5
© Auer Verlag – AAP Lehrerfachverlage GmbH, Donauwörth

Quizshow: Wer meistert die Grundrechenarten?

Vorbereitung:

1 Bereitet die Quizkärtchen vor, indem ihr sie ausschneidet und faltet.

2 Bevor die Quizshow stattfinden kann, muss jeder eine Rolle übernehmen. Dafür benötigt ihr die Rollenkarten. Schneidet die Kärtchen aus und zieht jeweils eine Karte.

3 Lest euch kurz die Aufgaben der jeweiligen Rollen durch und besprecht diese, wenn nötig.

Ablauf der Quizshow:
- Stellt zwei Stühle gegenüber. Der Quizmaster und Kandidat sitzen sich gegenüber.
- Der Kontrolleur und Experte stellen die Stühle nebeneinander hinter den Kandidaten, sodass der Kandidat sie nicht sehen kann.
- Der Quizmaster erhält alle Quizkarten.
- Der Kandidat erhält 2 Joker.
- Für jeden Kandidaten geht die Show 10 Minuten.
- Tauscht am Ende einer Runde die Rollen, sodass jeder jede Rolle einmal hatte.

- Der Quizmaster stellt dem Kandidaten die Fragen / Aufgaben der Quizkarten. Manchmal muss der Kandidat die Frage / Aufgabe auch anschauen können.

- Löst der Kandidat die Aufgabe, dann behält er die Aufgabenkarte.
- Haben Kandidat und Kontrolleur unterschiedliche Ergebnisse, müssen sie sich auf eine Antwort einigen.
- Sollte der Kandidat die Aufgabe nicht lösen können, kann er einen Joker einsetzen und den Experten befragen. Die Joker-Karte wird dann dem Quizmaster abgegeben.

- Sollte der Kandidat vor Ablauf der Zeit beide Joker eingesetzt haben und die nächste Antwort nicht geben können, ist die Show vorbei.
- Nach 10 Minuten werden die gelösten Karten gezählt und in die Tabelle (s. u.) eingetragen.

Rolle	1. Durchgang:	2. Durchgang:	3. Durchgang:	4. Durchgang:	Anzahl der gelösten Aufgaben
Quizmaster					
Kandidat					
Kontrolleur					
Experte					

E. Wiecha/S. Hartkopf-Scholz: Mathe kooperativ! Klasse 5
© Auer Verlag – AAP Lehrerfachverlage GmbH, Donauwörth

Rollenkarten

Vorderseite	Rückseite
Quizmaster 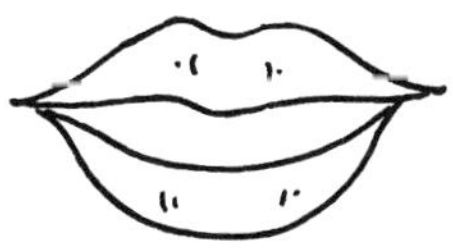	**Quizmaster:** • Gibt es doppelte Karten, sortiere sie aus. • Stelle dem Kandidaten die Fragen/Aufgaben. • Leite die Quizshow. • Kontrolliere die Antworten. • Achte auf die Zeit: 10 min!
Kandidat 	**Kandidat:** • Beantworte die Fragen oder berechne die Aufgaben. • Setze, wenn nötig, die Joker ein.
Kontrolleur 	**Kontrolleur:** • Überlege oder rechne mit. • Erhebe Einspruch bei falschen Antworten. • Bei unterschiedlichen Ergebnissen musst du dich mit dem Kandidat einigen.
Experte 	**Experte:** • Überlege oder rechne mit. • Der Kandidat kann dich mit einem Joker als Experte um Hilfe bitten.

E. Wiecha/S. Hartkopf-Scholz: Mathe kooperativ! Klasse 5
© Auer Verlag – AAP Lehrerfachverlage GmbH, Donauwörth

Quizkarten und Joker

Was ist eine Summe?	Die Summe ist das Ergebnis aus einer Additionsaufgabe.	Überprüfe, ob das Gleichheitszeichen richtig ist. Korrigiere die Rechnung, falls es nicht stimmt. 490 + 310 = 590 + 110	Das Gleichheitszeichen ist nicht richtig; z. B.: 490 + 310 = 590 + 210
Berechne die Summe: Der 1. Summand ist 44, der 2. Summand 99.	44 + 99 = 143	☐ + 250 = 680	430 + 250 = 680
Berechne im Kopf: 129 + 127	256	Addiere die Zahlen fünfhundertzweiundsiebzig, sechsundzwanzigtausend und achthundertdreizehn.	572 + 26 000 + 813 = 27 385
Finde den Fehler: 377 056 + 47 219 = 414 275	377 056 + 47 219 1 1 1 = 424 275	Überprüfe Tinas Hausaufgaben und berichtige, falls sie nicht stimmt: 6 min 57 s + 2 min 58 s = 10 min 25 s	6 min 57 s + 2 min 58 s = 9 min 55 s
Berechne die Differenz: Der Minuend beträgt 136 und der Subtrahend 17.	136 – 17 = 119	Wie nennt man das Ergebnis einer Subtraktionsaufgabe?	Differenz
Berechne: 122 096 – 99 233	22 863	Schreibe auf ein Blatt und fülle die Lücken aus: 3 ☐ 5 ☐ – ☐ 8 ☐ 4 = 3 8 4	3 2 5 8 – 2 8 7 4 1 1 = 3 8 4
Finde den Fehler: 7 613 – 5 260 = 2 383	7 613 – 5 260 1 = 2 353	Berechne: 45 900 – 3 782 – 44	42 074

E. Wiecha/S. Hartkopf-Scholz: Mathe kooperativ! Klasse 5
© Auer Verlag – AAP Lehrerfachverlage GmbH, Donauwörth

Simona hat einen Fehler in ihrer Rechnung. Finde ihn: 71 – (13 + 39) = 71 – 13 + 39 = 58 + 39 = 97 Wie lautet das richtige Ergebnis?	71 – (13 + 39) = 71 – 13 – 39 = 58 – 39 = 19	Berechne: 17 + (41 – 15)	43
Felix hat einen Fehler in seiner Rechnung. Finde ihn: (426 – 88) + 27 = 426 – 115 = 311 Wie lautet das richtige Ergebnis?	(426 – 88) + 27 = 338 + 27 = 365	Wie lautet die Rechenregel bei folgender Aufgabe? 153 · (122 – 9)	Rechenregel: Klammer zuerst
Wie heißt das Kommutativgesetz noch?	Vertauschungsgesetz	Gib einen anderen Namen für das Verbindungsgesetz an.	Assoziativgesetz
Gilt das Assoziativgesetz auch bei der Subtraktion?	Nein, denn (35 – 10) – 2 ist nicht gleich 35 – (10 – 2)	Welche Rechenregel muss hier beachtet werden? 142 – 15 + 78 – 22 + 13 + 12	Rechenregel: Von links nach rechts rechnen.
Wie nennt man das Ergebnis von einer Subtraktionsaufgabe?	Differenz	Tim fährt auf einer markierten Strecke. Er startet bei der Markierung 1 und stoppt bei Markierung 2. Wie weit ist er gefahren? Start: Ziel: 36 520 m 39 263 m	39 263 m – 36 520 m = 2 743 m = 2 km 743 m
Wie nennt man die erste Zahl in einer Subtraktionsaufgabe?	Minuend	Wie nennt man die zweite Zahl in einer Subtraktionsaufgabe?	Subtrahend

E. Wiecha/S. Hartkopf-Scholz: Mathe kooperativ! Klasse 5
© Auer Verlag – AAP Lehrerfachverlage GmbH, Donauwörth

(Un-)Gleichungen mit gleicher Lösungsmenge

Methode

Der spielerische Aspekt motiviert Hypothesen zu bilden und sie zu überprüfen. Durch die Gruppenbildung erfolgt zudem automatisch eine Differenzierung, sodass sich jeder Schüler am Prozess beteiligen kann. Durch das Finden von gemeinsamen Lösungsmengen oder Ergebnissen wird das Lösen von (Un-)Gleichungen vertiefend geübt.

➤ Methodensteckbrief: S. 87/88

Hinweise/Tipps

Kompetenzen

- inhaltsbezogene mathematische Kompetenzen im Bereich der Leitidee Zahl
- die soziale Kompetenz
- allgemein mathematische Kompetenzen K1 (Mathematisch argumentieren), K2 (Probleme mathematisch lösen), K5 (Mit symbolischen, formalen und technischen Elementen der Mathematik umgehen) und K6 (Kommunizieren)

Hinweise zur Durchführung

Wenn die Methode den Schülern nicht bekannt ist, kann sie für eine Regel exemplarisch im Plenum durchgeführt werden, hierzu bieten sich die Gleichungen von Materialseite 1 an. Eine mögliche Frage ist: „Trifft auf diese Gleichung die gesuchte Regel zu?"
Anschließend wird die Methode in Kleingruppen durchgeführt. Hierzu gibt es die differenzierten Materialseiten 2–4 (von leicht bis schwierig) für leistungsschwache, mittlere und leistungsstarke Kleingruppen. Die Lösungen (s. u.), also die zu findenden Gesetzmäßigkeiten, sollten nur dem Rateleiter zugänglich gemacht werden. Sobald die interne Rollenverteilung der Gruppen steht, holen sich die Rateleiter die entsprechenden Lösungen bei der Lehrkraft ab. Ist die Methode den Schülern bekannt, kann gleich mit diesen Materialien gearbeitet werden.
Am Ende erfolgt das Reflexionsgespräch im Plenum. Eventuell aufgetretene Fragen, Probleme, Anmerkungen, etc. können hier besprochen werden.

Material

- Materialseite 1: einmal; als große Kärtchen oder als Folienschnipsel.
- Materialseite 2: ggf. vergrößert, in der Anzahl der betroffenen Gruppen.
- Materialseite 3: ggf. vergrößert, in der Anzahl der betroffenen Gruppen.
- Materialseite 4: ggf. vergrößert, in der Anzahl der betroffenen Gruppen.
- weiße DIN A4-Blätter: in der Anzahl aller Gruppen
- ggf. Lösungen zu S. 19–22 (s. Lösungen)

Lösungen

Regel 1: Alle Gleichungen haben die gleiche Lösungsmenge: $\{x = 4\}$.

Regel 2: Alle Lösungen der Lösungsmenge sind durch 3 teilbar; Lösungsmenge: $\{3; 6; 9; 12; 30; 48\}$.

Regel 3: Die Gleichungen und Ungleichungen enthalten Lösungen aus der folgenden Lösungsmenge: $\{t > 18\}$.

E. Wiecha/S. Hartkopf-Scholz: Mathe kooperativ! Klasse 5
© Auer Verlag – AAP Lehrerfachverlage GmbH, Donauwörth

Wie lautet die gemeinsame Regel?

$42 : p = 21$	$112 : p = 56$
$p \cdot 33 = 66$	$p + 23 = 25$
$p - 1 = 1$	$115 = 117 - p$
$23 - p = 20$	$p \cdot 213 = 416$
$3 = p$	$3 = 6 : p$
$150 = 148 + p$	$389 = 395 - p$

Regel: Alle Gleichungen haben die gleiche Lösungsmenge: $\{p = 2\}$.

E. Wiecha/S. Hartkopf-Scholz: Mathe kooperativ! Klasse 5
© Auer Verlag – AAP Lehrerfachverlage GmbH, Donauwörth

Regel 1

1 Stellt die Tische zusammen und ordnet das Material an:

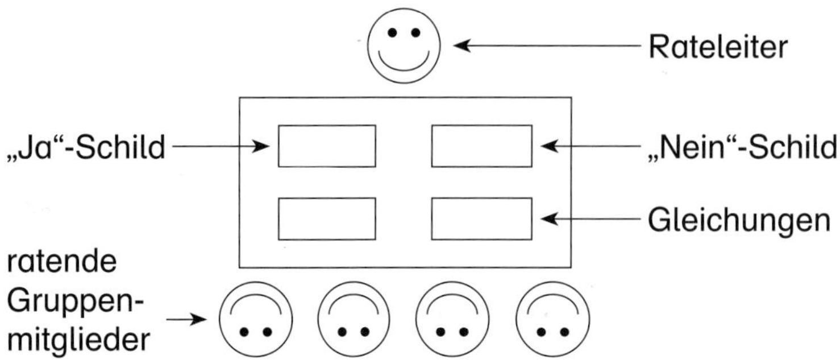

2 Einigt euch innerhalb der Gruppe, wer die Rolle des Rateleiters übernimmt.

3 Die Ratenden schneiden die unten stehenden Gleichungen aus und legen sie vermischt auf den Tisch.

Rateleiter:

4 Gehe währenddessen zur Lehrkraft und hole ein weißes Blatt Papier und die Lösung der Aufgaben ab, die du jedoch vor den Gruppenmitgliedern geheim hältst.

5 Schneide das weiße Blatt Papier in der Mitte auseinander, sodass zwei DIN A5-Blätter entstehen. Beschrifte eines mit „Ja“, das andere mit „Nein“.

6 Verfahre nun so wie im Beispiel am Anfang der Stunde und stelle die Frage: „Trifft auf diese Gleichung die gesuchte Regel zu?“

$x : 2 = 2$	$x \cdot 2 = 8$
$10 \cdot x = 40$	$12 : x = 3$
$9 - x = 5$	$33 + x = 37$
$x + 102 = 106$	$x - 1 = 3$
$2 : x = 1$	$x + 32 = 37$
$x - 2 = 1$	$10 - x = 5$
$108 - x = 106$	$91 : x = 22$

E. Wiecha/S. Hartkopf-Scholz: Mathe kooperativ! Klasse 5
© Auer Verlag – AAP Lehrerfachverlage GmbH, Donauwörth

Regel 2

1 Stellt die Tische zusammen und ordnet das Material an:

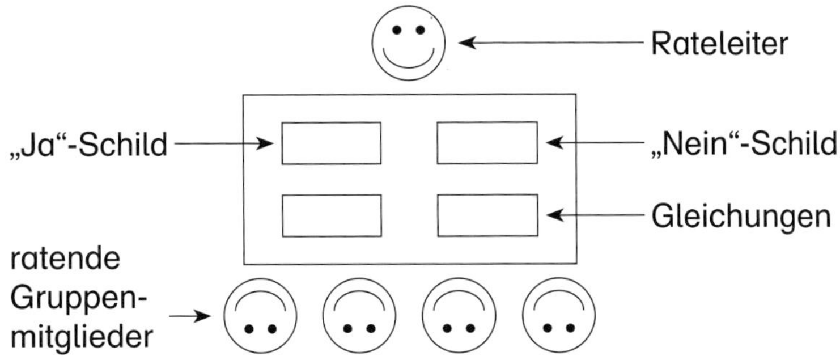

2 Einigt euch innerhalb der Gruppe, wer die Rolle des Rateleiters übernimmt.

3 Die Ratenden schneiden die unten stehenden Gleichungen aus und legen sie vermischt auf den Tisch.

Rateleiter:

4 Gehe währenddessen zur Lehrkraft und hole ein weißes Blatt Papier und die Lösung der Aufgaben ab, die du jedoch vor den Gruppenmitgliedern geheim hältst.

5 Schneide das weiße Blatt Papier in der Mitte auseinander, sodass zwei DIN A5-Blätter entstehen. Beschrifte eines mit „Ja“, das andere mit „Nein“.

6 Verfahre nun so wie im Beispiel am Anfang der Stunde und stelle die Frage: „Trifft auf diese (Un-)Gleichung die gesuchte Regel zu?“

$z : 6 = 8$	$28z = 168$
$z - 42 = 238$	$8z - 15 = 9$
$115 = 345 : z$	$33 = 3z$
$15 - z > 30$	$227 - z = 197$
$z \cdot 33 = 198$	$6 + z < 5$
$0 < 7$	$378 : z = 42$
$z + 118 = 130$	$3 \cdot 7 > 21$

E. Wiecha/S. Hartkopf-Scholz: Mathe kooperativ! Klasse 5
© Auer Verlag – AAP Lehrerfachverlage GmbH, Donauwörth

Regel 3

1 Stellt die Tische zusammen und ordnet das Material an:

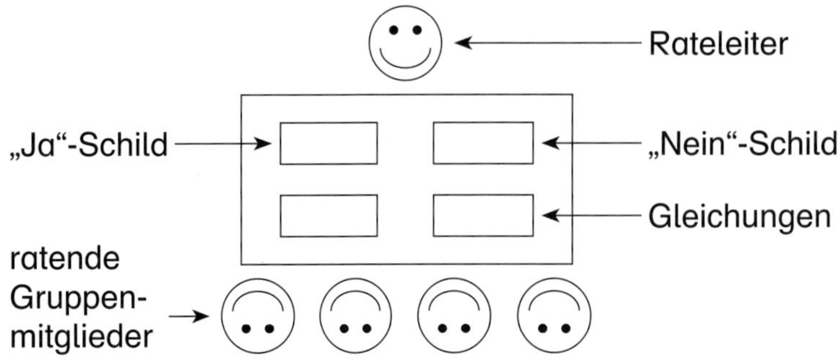

2 Einigt euch innerhalb der Gruppe, wer die Rolle des Rateleiters übernimmt.

3 Die Ratenden schneiden die unten stehenden Gleichungen aus und legen sie vermischt auf den Tisch.

Rateleiter:

4 Gehe währenddessen zur Lehrkraft und hole ein weißes Blatt Papier und die Lösung der Aufgaben ab, die du jedoch vor den Gruppenmitgliedern geheim hältst.

5 Schneide das weiße Blatt Papier in der Mitte auseinander, sodass zwei DIN A5-Blätter entstehen. Beschrifte eines mit „Ja“, das andere mit „Nein“.

6 Verfahre nun so wie im Beispiel am Anfang der Stunde und stelle die Frage: „Trifft auf diese (Un-)Gleichung die gesuchte Regel zu?“

$t > 18$	$t > 16 + 2$
$40 = 2 \cdot t$	$t = 13 + 8$
$t : 2 = 44$	$19 < t$
$t - 12 = 12$	$t + 14 = 39$
$3 + t = 9$	$17 < 9 - 2$
$60 : 12 > t$	$225 : 15 < 13$
$1 \cdot t < 1$	$t = 5$

E. Wiecha/S. Hartkopf-Scholz: Mathe kooperativ! Klasse 5
© Auer Verlag – AAP Lehrerfachverlage GmbH, Donauwörth

Methode

Der spielerische Aspekt motiviert Hypothesen zu bilden und sie zu überprüfen. Durch die Gruppenbildung erfolgt zudem automatisch eine Differenzierung, sodass sich jeder Schüler am Prozess beteiligen kann. Durch das Material können verschiedene Lernkanäle angesprochen werden.

➤ Methodensteckbrief: S. 87/88

Hinweise/Tipps

Kompetenzen

- inhaltsbezogene mathematische Kompetenzen im Bereich der Leitidee Messen
- die soziale Kompetenz
- allgemein mathematische Kompetenzen K1 (Mathematisch argumentieren), K2 (Probleme mathematisch lösen), K4 (Mathematische Darstellungen verwenden) und K6 (Kommunizieren)

Hinweise zur Durchführung

Wenn die Methode den Schülern nicht bekannt ist, kann sie für eine Regel exemplarisch im Plenum durchgeführt werden, z. B. mit Materialseite 3.
Anschließend wird die Methode mit den Materialseiten 3–7 in Kleingruppen durchgeführt. Die zu findende Regel (Materialseite 2) darf nur dem Rateleiter zugänglich gemacht werden. Ist die Methode den Schülern bekannt, kann gleich mit diesen Materialien gearbeitet werden. Als Hilfestellung können die Schüler die Kästchen von Materialseite 2 ausschneiden und damit die Flächen auslegen, um die Flächeninhalte zu vergleichen.
Am Ende erfolgt das Reflexionsgespräch im Plenum. Eventuell aufgetretene Fragen, Probleme, Anmerkungen, etc. können hier besprochen werden.

Material

- Materialseite 1: in der Anzahl der Gruppen
- Materialseite 2: ggf. auf buntes Papier kopiert und schon zugeschnitten; in der Anzahl der Gruppen
- Materialseite 3: ggf. vergrößert und schon zugeschnitten; in der Anzahl der Gruppen
- Materialseite 4: ggf. vergrößert und schon zugeschnitten; in der Anzahl der Gruppen
- Materialseite 5: ggf. vergrößert und schon zugeschnitten; in der Anzahl der Gruppen
- Materialseite 6: ggf. vergrößert und schon zugeschnitten; in der Anzahl der Gruppen
- Materialseite 7: ggf. vergrößert und schon zugeschnitten; in der Anzahl der Gruppen
- Scheren
- weiße DIN A4-Blätter: Schüleranzahl · 3

E. Wiecha/S. Hartkopf-Scholz: Mathe kooperativ! Klasse 5
© Auer Verlag – AAP Lehrerfachverlage GmbH, Donauwörth

Flächen und Flächeninhalte

Vorbereitung: Stellt die Tische auf und bestimmt in der Gruppe einen Rateleiter, z. B. mit dem Spiel „Schere-Stein-Papier". Schneidet gemeinsam die Figuren aus und erstellt Schilder mit „Ja" und „Nein". Der Rateleiter holt sich vom Lehrer die entsprechende Lösung und ist auch der einzige, der die Lösungsregel sehen und kennen darf.

Spielverlauf: Im Spiel verwaltet der Rateleiter die „Ja"- und „Nein"-Schilder und stellt die Frage: „Hat diese Figur diese Eigenschaft?" Alle anderen raten. Als **Hilfestellung** können die kleinen Quadrate zum „ausmessen" der Flächen verwendet werden.
Jedes Gruppenmitglied, das denkt, die Regel gefunden zu haben, schreibt sie auf einen Zettel und gibt sie beim Rateleiter ab. Man kann auch weitere Figuren einsortieren, um diese Vermutung zu überprüfen.

Spielende: Das Spiel endet, wenn alle Gruppenmitglieder die Regel herausgefunden haben oder alle Figuren richtig zugeordnet wurden. Werden Karten nicht richtig zugeordnet, müssen sie erneut zugeordnet werden.

Reflexion: In einer Abschlussrunde kann jedes Gruppenmitglied Fragen stellen, so dass am Ende alle die Regel kennen.

Aufgabe: Findet die Regel, der alle ebenen Figuren der „Ja"-Seite entsprechen.

Notiert die jeweilige Regel:

Regel A: ______________________________

____

Regel B: ______________________________

____

Regel C: ______________________________

____

Regel D: ______________________________

____

Regel E: ______________________________

____

Für Schnelle: Alle Gruppenteilnehmer notieren sich die Regel und zeichnen zwei Beispielfiguren dazu.

E. Wiecha/S. Hartkopf-Scholz: Mathe kooperativ! Klasse 5
© Auer Verlag – AAP Lehrerfachverlage GmbH, Donauwörth

Quadrate zum Auslegen der Flächen

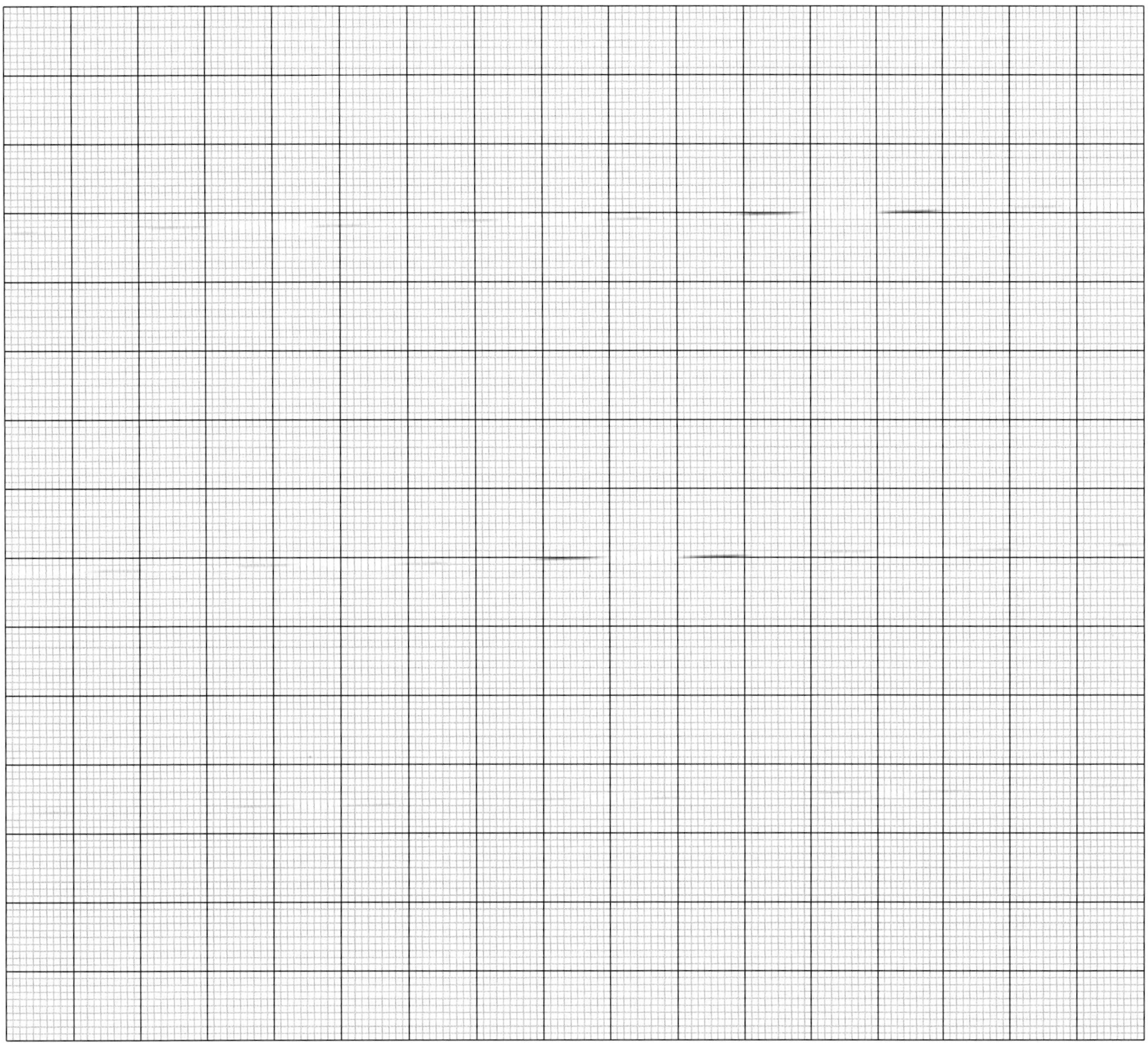

Lösungen

Regel A: Die Fläche ist immer ein Quadrat.

Regel B: Der Flächeninhalt beträgt immer 40 cm^2.

Regel C: Der Flächeninhalt beträgt immer 10 cm^2.

Regel D: Der Flächeninhalt ist immer ein Vielfaches von 2.
oder:
Der Flächeninhalt ist immer durch 2 teilbar.

Regel E: Der Flächeninhalt ist immer eine Quadratzahl.

E. Wiecha/S. Hartkopf-Scholz: Mathe kooperativ! Klasse 5
© Auer Verlag – AAP Lehrerfachverlage GmbH, Donauwörth

Regel A

E. Wiecha/S. Hartkopf-Scholz: Mathe kooperativ! Klasse 5
© Auer Verlag – AAP Lehrerfachverlage GmbH, Donauwörth

Regel B

E. Wiecha/S. Hartkopf-Scholz: Mathe kooperativ! Klasse 5
© Auer Verlag – AAP Lehrerfachverlage GmbH, Donauwörth

Regel C

E. Wiechoa/S. Hartkopf-Scholz: Mathe kooperativ! Klasse 5
© Auer Verlag – AAP Lehrerfachverlage GmbH, Donauwörth

Regel D

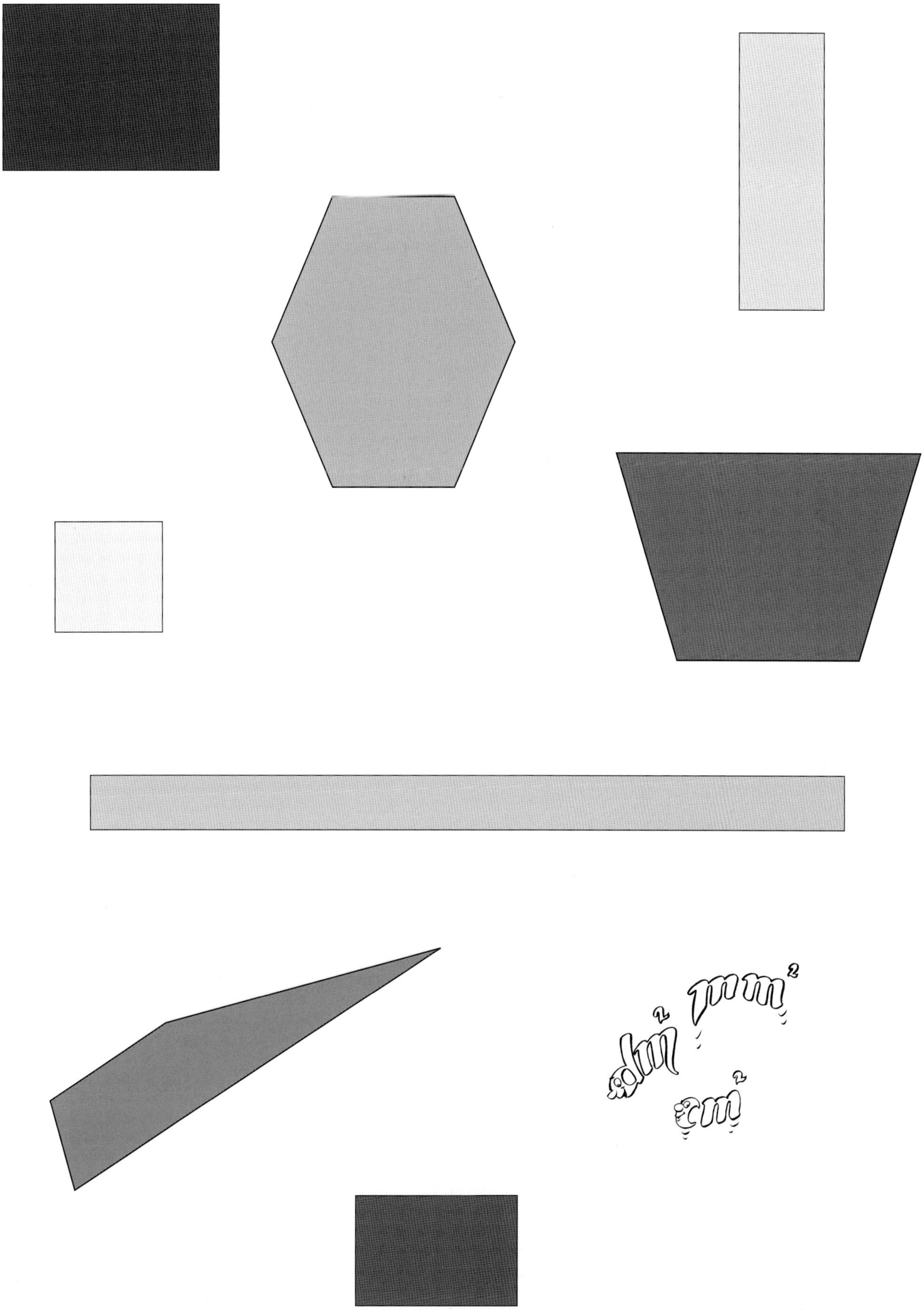

E. Wiecha/S. Hartkopf-Scholz: Mathe kooperativ! Klasse 5
© Auer Verlag – AAP Lehrerfachverlage GmbH, Donauwörth

Regel E

E. Wiecha/S. Hartkopf-Scholz: Mathe kooperativ! Klasse 5
© Auer Verlag – AAP Lehrerfachverlage GmbH, Donauwörth

Methode

Da die Schüler bereits über Grundkenntnisse zum Thema Größen verfügen, kann dieses verwendet werden, um Probleme zu lösen. Geschieht dies in Gruppenarbeit können sich die Schüler gut austauschen und so gemeinsam die Lösung erarbeiten. Da die Klassenzusammensetzung neu ist, können so wertvolle Beobachtungen gemacht werden.
Die Präsentation der Ergebnisse festigt dieses Wissen und fördert die Argumentationsfähigkeit.
➤ Methodensteckbrief: S. 89/90

Hinweise/Tipps

Kompetenzen
- inhaltsbezogene mathematische Kompetenzen im Bereich der Leitidee Messen
- die soziale Kompetenz
- allgemein mathematische Kompetenzen K1 (Mathematisch argumentieren), K2 (Probleme mathematisch lösen) und K6 (Kommunizieren)

Hinweise zur Durchführung
Sollten die Schüler mit der Gruppenarbeit noch nicht vertraut sein, ist es sinnvoll zuvor die Regeln und den Ablauf einer Gruppenarbeit zu besprechen.
Die Umrechungszahlen bei Gewichten werden anhand mehrerer Aufgaben erneut entdeckt und verifiziert. Je nachdem wie gut den Schülern die Thematik bekannt ist, sind mehr oder weniger Aufgaben notwendig. Am Problemlösevorgang sollten alle Schüler beteiligt sein. Es gibt drei verschiedene, nach Schwierigkeit differenzierte, Arbeitsaufträge (Materialseiten 1–6). Bei Bedarf gibt es ein Hilfeblatt (Materialseite 7). Wenn jeder Arbeitsauftrag an jeweils zwei Gruppen vergeben wird, kann in der anschließenden Präsentationsphase auf Kontrollgruppen zurückgegriffen werden.
Die Lehrkraft sollte den Schülern bei der Dokumentation von Lösungswegen und Ergebnissen als Hilfe zur Verfügung stehen, da die Schüler damit nur bedingt vertraut sind.

Material

- Materialseiten 1/2: in der Anzahl der betroffenen Gruppen
- Materialseiten 3/4: in der Anzahl der betroffenen Gruppen
- Materialseiten 5/6: in der Anzahl der betroffenen Gruppen
- Materialseite 7: in der Anzahl der Gruppen
- Plakate bzw. DIN A3-Papier: in der Anzahl der Gruppen
- Eddings
- evtl. Bilder von Pythons, Alligatoren und Löwen
- Lösungen zu S. 33/35/37

E. Wiecha/S. Hartkopf-Scholz: Mathe kooperativ! Klasse 5
© Auer Verlag – AAP Lehrerfachverlage GmbH, Donauwörth

Wie verrückt ist das denn!? – Python (1)

Jonas und Maria unterhalten sich über ein aufregendes Erlebnis im Urlaub.

Maria das ist unglaublich. Im Urlaub habe ich im Zoo eine Python gesehen. Sie ist eine der größten und schwersten Schlangen der Welt und die sind total verrückt. Eine Python kann ihre Beute in einem Stück verschlingen. Sie hat sogar einen Alligator gefressen!

Ach komm schon, du übertreibst mal wieder total. Wie soll das denn gehen?

Warte mal, ich habe sogar ein Foto gemacht. Ich zeig es dir!

Boah! Das ist ja der Wahnsinn. Ein Alligator ist doch unheimlich schwer. Wie machen die das bloß?

Das habe ich mich auch gefragt und nachgelesen. Die Schlange hängt ihren Kiefer aus und kann somit große und schwere Tiere verschlingen. Der Alligator alleine hat 454 kg gewogen. Das sind 454 000 g oder auch 454 000 000 mg. Das ist der helle Wahnsinn!

Das ist wirklich unglaublich. Aber wie kommst du denn darauf, dass 454 kg dasselbe ist wie 454 000 g. Der Alligator ist doch 0,454 t schwer.

E. Wiecha/S. Hartkopf-Scholz: Mathe kooperativ! Klasse 5
© Auer Verlag – AAP Lehrerfachverlage GmbH, Donauwörth

Wie verrückt ist das denn!? – Python (2)

1 Entnehmt aus dem Text die Fragestellung und notiert sie.
Tipp: Am Pult gibt es eine Hinweiskarte.

____

____

2 Beantwortet die Fragestellung. Notiert eure Ideen und Lösungswege.

____

____

____

____

____

3 Im Text werden verschiedene Angaben gemacht. Notiert übersichtlich:

________ = ________ = ________ = ________

4 Fällt euch eine Regelmäßigkeit auf? Notiert diese in den vorgegebenen Feldern.

[ ] → [ ] → [ ] →

________ = ________ = ________ = ________

5 Überprüft, ob die Regelmäßigkeit auch bei diesen Aufgaben stimmt und beschriftet die Kästen.

a [ ] → [ ] → [ ] →

0,024 t = 24 kg = 24 000 g = 24 000 000 mg

b [ ] → [ ] → [ ] →

1,031 t = 1 031 kg = 1 031 000 g = 1 031 000 000 mg

c [ ] → [ ] → [ ] →

0,542 t = ________ kg = ________ g = ________ mg

6 Überlegt, wie ihr eure Ideen, Lösungswege und Ergebnisse eurer Klasse vorstellen könnt.
Hinweis: Am Pult gibt es Blätter mit denen ihr z. B. ein Plakat gestalten könnt.

E. Wiecha/S. Hartkopf-Scholz: Mathe kooperativ! Klasse 5
© Auer Verlag – AAP Lehrerfachverlage GmbH, Donauwörth

Wie verrückt ist das denn!? – Alligator (1)

Sven und Susi unterhalten sich über ein aufregendes Erlebnis im Urlaub.

Sven das ist unglaublich. Während unseres Urlaubs in den USA machten wir einen Ausflug in die Everglades. Dort habe ich Alligatoren gesehen. Die sind ja unheimlich stark und deswegen auch so gefährlich.

Ja, das habe ich auch schon gehört. Sie verschlingen ihre Beute im Ganzen. Da hat man keine Chance.

Da hast du Recht. Unser Guide hat erzählt, dass ein Alligator mit seinem Kiefer mit bis zu 3,5 Tonnen zubeißen kann. Hat er sein Maul allerdings geschlossen, kann man seinen Kiefer mit bloßen Händen zusammenhalten.

Boah! 3,5 t? Das sind ja 3 500 kg oder auch 3 500 000 g!

Nein, nicht nur 3 500 000 g, sondern sogar bis zu 3 500 000 000 mg. Das ist der Wahnsinn!

E. Wiecha/S. Hartkopf-Scholz: Mathe kooperativ! Klasse 5
© Auer Verlag – AAP Lehrerfachverlage GmbH, Donauwörth

Wie verrückt ist das denn!? – Alligator (2)

1 Entnehmt aus dem Text die Fragestellung und notiert sie.
Tipp: Am Pult gibt es eine Hinweiskarte.

____

____

2 Beantwortet die Fragestellung. Notiert eure Ideen und Lösungswege.

____

____

____

____

____

3 Im Text werden verschiedene Angaben gemacht. Notiert übersichtlich:

__________ = __________ = __________ = __________

4 Fällt euch eine Regelmäßigkeit auf? Notiert diese in den vorgegebenen Feldern.

[ ] → [ ] → [ ] →

__________ = __________ = __________ = __________

5 Überprüft, ob die Regelmäßigkeit auch bei diesen Aufgaben stimmt und beschriftet die Kästen.

a [ ] → [ ] → [ ] →

0,024 t = 24 kg = 24 000 g = 24 000 000 mg

b [ ] → [ ] → [ ] →

1,031 t = 1 031 kg = 1 031 000 g = 1 031 000 000 mg

c [ ] → [ ] → [ ] →

0,542 t = __________ kg = __________ g = __________ mg

6 Überlegt, wie ihr eure Ideen, Lösungswege und Ergebnisse eurer Klasse vorstellen könnt.
Hinweis: Am Pult gibt es Blätter mit denen ihr z. B. ein Plakat gestalten könnt.

E. Wiecha/S. Hartkopf-Scholz: Mathe kooperativ! Klasse 5
© Auer Verlag – AAP Lehrerfachverlage GmbH, Donauwörth

Wie verrückt ist das denn!? – Löwe (1)

Tobias und Cara sind gemeinsam im Zoo und stehen vor dem Löwengehege. Beide lesen interessiert die Informationstafel durch und unterhalten sich anschließend darüber.

Das ist spannend, wie sich Löwen während einer Jagd verhalten. Ich wusste gar nicht, dass Löwen meist in Gruppen jagen. Sie suchen sich das Opfer früh aus und kreisen es ein.

Die Löwen haben ein richtiges System für die Jagd. Ein bis zwei Löwen scheuchen das Opfer auf und die anderen warten bis es auf sie zu getrieben wird. Wenn das Tier die neuen Angreifer entdeckt, versucht es zu flüchten und bemerkt, dass es nun eingekreist ist.

Ich wusste gar nicht, dass Löwen im Team arbeiten.

Ja und stell dir mal vor. Löwen können bis zu 20 000 000 mg fressen.

Na damit kann ich jetzt aber wenig anfangen. Es klingt aber ganz schön viel. Ist das genauso viel wie 20 000 g? Oder auch 20 kg?

Ja und das ist dasselbe wie … Oh, jetzt fällt es mir überhaupt nicht mehr ein.

E. Wiecha/S. Hartkopf-Scholz: Mathe kooperativ! Klasse 5
© Auer Verlag – AAP Lehrerfachverlage GmbH, Donauwörth

Wie verrückt ist das denn!? – Löwe (2)

1 Entnehmt aus dem Text die Fragestellung und notiert sie.
Tipp: Am Pult gibt es eine Hinweiskarte.

____

____

2 Beantwortet die Fragestellung. Notiert eure Ideen und Lösungswege.

____

____

____

____

____

3 Im Text werden verschiedene Angaben gemacht. Notiert übersichtlich:

______ = ______ = ______ = ______

4 Fällt euch eine Regelmäßigkeit auf? Notiert diese in den vorgegebenen Feldern.

[ ] → [ ] → [ ] →

______ = ______ = ______ = ______

5 Überprüft, ob die Regelmäßigkeit auch bei diesen Aufgaben stimmt und beschriftet die Kästen.

a

0,024 t = 24 kg = 24 000 g = 24 000 000 mg

b

1,031 t = 1 031 kg = 1 031 000 g = 1 031 000 000 mg

c

0,542 t = ______ kg = ______ g = ______ mg

6 Überlegt, wie ihr eure Ideen, Lösungswege und Ergebnisse eurer Klasse vorstellen könnt.
Hinweis: Am Pult gibt es Blätter mit denen ihr z. B. ein Plakat gestalten könnt.

E. Wiecha/S. Hartkopf-Scholz: Mathe kooperativ! Klasse 5
© Auer Verlag – AAP Lehrerfachverlage GmbH, Donauwörth

Ihr wisst nicht weiter? – Hilfekarte

Schaut euch dieses Beispiel an:

Jannis: Also ich habe mal gelesen, dass ein Zebra 250 kg wiegen kann. Das sind ja 250 000 g oder auch 250 000 000 mg.
Sofie: Aber nein, das Zebra wiegt 0,250 t.

1 Entnehmt aus dem Text die Fragestellung und notiert sie.

Beispiel: Jannis und Sofie machen verschiedene Angaben. Wer hat Recht?

2 Beantwortet die Fragestellung. Notiert eure Ideen und Lösungswege.

Beispiel: Beide haben Recht, weil ... oder Jannis/Sofie hat Recht, weil ... usw.

3 Im Text werden verschiedene Angaben gemacht. Notiert übersichtlich:

Beispiel: 0,250 t = 250 kg = 250 000 g = 250 000 000 mg

4 Fällt euch eine Regelmäßigkeit auf? Notiert diese in den vorgegebenen Feldern.

	· 1 000 →		[ ] →		[ ] →	
Beispiel: 0,250	=	250 kg	=	250 000 g	=	250 000 000 mg

Regelmäßigkeit: · 1 000

5 Überlegt, wie ihr eure Ideen, Lösungswege und Ergebnisse eurer Klasse vorstellen könnt.

Beispiel: Notiert was gegeben ist, was gesucht ist, wie ihr vorgegangen seid, was euer Ergebnis ist, usw.

E. Wiecha/S. Hartkopf-Scholz: Mathe kooperativ! Klasse 5
© Auer Verlag – AAP Lehrerfachverlage GmbH, Donauwörth

Methode

Mit der Methode des heißen Stuhls kann bei niedrigen Klassenstufen der Bereich der Rollenspiele in einem geschützten Raum angebahnt werden. Die Schüler übernehmen dabei eine überschaubare Rolle in einem vorgegebenen Rahmen, hier der einer Quizsendung. Durch dieses Setting können z. B. die Grundrechenarten motiviert geübt werden.
Die Übungsphase kann an verschiedenen Stellen eingesetzt werden: am Ende jeweils eines Themengebiets oder am Ende der kompletten Einheit Größen.

➤ Methodensteckbrief: S. 86

Hinweise/Tipps

Kompetenzen

- inhaltsbezogene mathematische Kompetenzen im Bereich der Leitidee Messen
- die soziale Kompetenz
- allgemein mathematische Kompetenzen K1 (Mathematisch argumentieren) und K6 (Kommunizieren)

Hinweise zur Durchführung

Wird in Kleingruppen gespielt, bilden die Schüler 4er-Gruppen, ggf. mehr. Wenn es mehr als 4 Schüler sind und mit Rollenkarten (s. Material zur Quizshow S. 15) gearbeitet wird, können die Rollen der Experten und Kontrolleure mehrmals verteilt werden. Die Quizshow kann dann mithilfe von Materialseite 1 in den Gruppen selbstständig durchgeführt werden. Hierbei ist es wichtig, dass am Ende der Runde alle Schüler bewusst ihre jeweilige Rolle verlassen und bewusst in die neue Rolle schlüpfen.
Der Fragenpool kann zum einen mit der zuvor vorgestellten Stunde „Vorbereitung einer Quizshow zu den Grundrechenarten“ erarbeitet werden. Zum anderen können die vorbereiteten Quizkärtchen und ggf. Joker (s. Material zur Quizshow S. 17) verwendet werden. Die Kärtchen müssen vor dem Einsatz ausgeschnitten und mittig geknickt werden, so dass der Kandidat nur die Frage/Aufgabe sehen kann.
Bei mehreren Spielrunden, ggf. in den Folgestunden, gibt die Tabelle (Materialseite 1) den Schülern einen Überblick ggf. über die bereits eingenommenen Rollen und über den Punktestand. So kann die Quizshow einen gewissen Wettbewerbscharakter erhalten.

Material

- Materialseite 1: in der Anzahl der 4er-Gruppen
- Materialseite 2: laminiert, in der Anzahl der 4er-Gruppen
- Materialseite 3: laminiert, in der Anzahl der 4er-Gruppen
- Materialseite 4: laminiert, in der Anzahl der 4er-Gruppen
- Scheren

E. Wiecha/S. Hartkopf-Scholz: Mathe kooperativ! Klasse 5
© Auer Verlag – AAP Lehrerfachverlage GmbH, Donauwörth

Quizshow: Wer meistert die Größen Gewicht, Länge und Zeit?

Vorbereitung:

1 Bereitet die Quizkärtchen vor, indem ihr sie ausschneidet und faltet.

2 Bevor die Quizshow stattfinden kann, muss jeder eine Rolle übernehmen. Dafür benötigt ihr die Rollenkarten. Schneidet die Kärtchen aus und zieht jeweils eine Karte.

3 Lest euch kurz die Aufgaben der jeweiligen Rollen durch und besprecht diese, falls nötig.

Ablauf der Quizshow:

- Stellt zwei Stühle gegenüber. Der Quizmaster und Kandidat sitzen sich gegenüber.
- Der Kontrolleur und Experte stellen die Stühle nebeneinander hinter den Kandidaten, sodass der Kandidat sie nicht sehen kann.
- Der Quizmaster erhält alle Quizkarten.
- Der Kandidat erhält 2 Joker.
- Für jeden Kandidaten geht die Show 10 Minuten.
- Tauscht am Ende einer Runde die Rollen, sodass jeder jede Rolle einmal hatte.

- Der Quizmaster stellt dem Kandidaten die Fragen/Aufgaben der Quizkarten. Manchmal muss der Kandidat die Frage/Aufgabe auch anschauen können.

- Löst der Kandidat die Aufgabe, dann behält er die Aufgabenkarte.
- Haben Kandidat und Kontrolleur unterschiedliche Ergebnisse, müssen sie sich auf eine Antwort einigen.
- Sollte der Kandidat die Aufgabe nicht lösen können, kann er einen Joker einsetzen und den Experten befragen. Die Joker-Karte wird dann dem Quizmaster abgegeben.

- Sollte der Kandidat vor Ablauf der Zeit beide Joker eingesetzt haben und die nächste Antwort nicht geben können, ist die Show vorbei.
- Nach 10 Minuten werden die gelösten Karten gezählt und in die Tabelle (s. u.) eingetragen.

Rolle	1. Durchgang:	2. Durchgang:	3. Durchgang:	4. Durchgang:	Anzahl der gelösten Aufgaben
Quizmaster					
Kandidat					
Kontrolleur					
Experte					

E. Wiecha/S. Hartkopf-Scholz: Mathe kooperativ! Klasse 5
© Auer Verlag – AAP Lehrerfachverlage GmbH, Donauwörth

Quizkarten: Gewicht

Die meisten erwachsenen Elefanten wiegen ungefähr 5 Tonnen. Wie viel kg sind das?	5 t = 5 000 kg	Überprüfe die Umrechnung: 256 000 mg = 0,256 kg Korrigiere, wenn nötig.	Die Umrechnung stimmt.
Ein Berner Sennenhund kann bis zu 60 kg wiegen. Wandle in die nächst kleinere Einheit um.	60 kg = 60 000 g	Wandle in die größte Gewichtseinheit um: 125 g.	125 g = 0,125 kg = 0,000125 t
Überprüfe die Umrechnung: 12 mg = 0,000012 kg Korrigiere, wenn nötig.	Die Umrechnung stimmt.	Überprüfe die Umrechnung: 8 732 kg = 87,320 t Korrigiere, wenn nötig.	Die Umrechnung ist falsch. Richtig: 8 732 kg = 8,732 t.
Ordne der Größe nach: 1 t; 2 567 mg; 1 kg; 1 209 g.	2 567 mg < 1 kg < 1 209 g < 1 t	Welche Umrechnung stimmt? a) 196 t = 96 000 000 g b) 196 t = 960 000 000 mg	Umrechnung a) 196 t = 96 000 000 g
Bilde passende Paare: 3,487 t 77,058 g 7g 58 mg 3 487 kg 77 058 mg 7,058 g	Korrekte Paare: 3,487 t = 3487 kg 7 g 58 mg = 7,058 g 77 058 mg = 77,058 g	Wandle in die nächst kleinere Einheit um: 700 kg.	700 kg = 700 000 g
Überprüfe die Umrechnung: 4 575 kg = 45 t 75 kg Korrigiere, wenn nötig.	Die Umrechnung stimmt nicht; richtig: 4 575 kg = 4 t 575 kg.	Wandle in die nächst größere Einheit um: 462 340 kg.	462 340 kg = 462,34 t
Wandle in die nächst größere Einheit um: 19 078 g.	19 078 g = 19,078 kg	Schreibe in gemischter Schreibweise: 82 072 mg.	82 072 mg = 82 g 72 mg

E. Wiecha/S. Hartkopf-Scholz: Mathe kooperativ! Klasse 5
© Auer Verlag – AAP Lehrerfachverlage GmbH, Donauwörth

Quizkarten: Länge

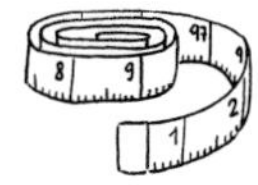

Schreibe mit Komma: 62 m 126 cm.	63,26 m	Schreibe mit Komma: 3 km 775 m.	3 km 775 m = 3,775 km
Überprüfe die Umrechnung: 3 dm 6 cm = 3,6 dm Korrigiere falls nötig.	Die Umrechnung stimmt.	Überprüfe die Umrechnung: 300 mm = 0,300 cm Korrigiere falls nötig.	Die Umrechnung ist falsch; richtig: 300 mm = 30 cm.
Wandle in mm um: 8 cm 5 mm.	8 cm 5 mm = 85 mm	Wandle in m um: 2,8 km.	2,8 km = 2800 m
Berechne mithilfe der Kommaschreibweise: 2,26 m – 1,3 dm.	2,26 m – 0,13 m = 2,13 m	Berechne mithilfe der Kommaschreibweise: 34 dm + 25 cm.	34 dm + 25 cm = 34 dm + 2,5 dm = 36,5 dm
Schreibe ohne Komma: 66,004 km.	66,004 km = 66004 m	Schreibe ohne Komma: 8,06 m.	8,06 m = 806 cm
Setze ein: >, < oder =. 7 cm 9 mm □ 79 mm	7 cm 9 mm = 79 mm	Ordne absteigend: 1,21 dm; 1,12 m; 1 m 2 dm.	1 m 2 dm > 1,12 m > 1,21 dm

E. Wiecha/S. Hartkopf-Scholz: Mathe kooperativ! Klasse 5
© Auer Verlag – AAP Lehrerfachverlage GmbH, Donauwörth

Quizkarten: Zeit

Wandle in s um: 9 min.	9 min = 540 s	Schreibe in h: 1 d 1 h.	1 d 1 h = 25 h
Es ist 9:24 Uhr. Wie viele Minuten fehlen bis zur nächsten vollen Stunde?	Es fehlen 36 Minuten.	Gib das Ergebnis in der nächstgrößeren Einheit an: 55 s + 22 s.	55 s + 22 s = 77 s = 1 min 17 s
Maria war 49 h unterwegs. Wie viele Tage sind das?	49 h = 2 d 1 h	Gib das Alter in Jahren an: 365 d.	365 d = 1 a
Gib das Alter in Jahren an: 1 095 d.	1 095 d = 3 a	Berechne und gib das Ergebnis in der nächst kleineren Einheit an: 2 h 45 min – 60 min.	2 h 45 min – 60 min = 1 h 45 min = 105 min
Wie viele Minuten haben zwei Tage?	2 d = 2 880 min	Wandle in Sekunden um: 47 min.	47 min = 2 820 s
Maria ist 2 Jahre 23 Monate alt, Tobias ist 36 Monate alt. Wer ist älter?	Maria ist älter, denn: 2 a 23 Monate = 47 Monate; 47 Monate > 36 Monate.	Wandle in Stunden um: 1 a 3 d 2 h.	8 834 Stunden

E. Wiecha/S. Hartkopf-Scholz: Mathe kooperativ! Klasse 5
© Auer Verlag – AAP Lehrerfachverlage GmbH, Donauwörth

Methode

Da die Größen, ihre Einheiten und Umrechnungszahlen bereits aus der Grundschule bekannt sind und das Thema auch in der Sekundarstufe behandelt wird, kann mit dieser Methode das Wissen aller Schüler auf motivierende Weise aktiviert und gesammelt werden. Durch die verschiedenen Phasen und Gruppengrößen werden die unterschiedlichen Leistungsniveaus berücksichtigt und können so auch erweitert werden.

➤ Methodensteckbrief: S. 84

Hinweise/Tipps

Kompetenzen

- inhaltsbezogene mathematische Kompetenzen im Bereich der Leitidee Messen
- die soziale Kompetenz
- allgemein mathematische Kompetenzen K1 (Mathematisch argumentieren), und K6 (Kommunizieren)

Hinweise zur Durchführung

Alle Arbeitsaufträge können auf einer Folie präsentiert werden. Die Phasenwechsel werden durch die Arbeitsaufträge und akustische Signale initiiert. Zur Zeitersparnis können die leeren Papierstreifen bereits von der Lehrperson zugeschnitten zur Verfügung gestellt werden.
In der Ich-Phase sollte auf die Einhaltung der Einzelarbeit geachtet werden, da so alle Schüler die Chance haben ihr eigenes Vorwissen zu aktivieren.
Das Schulbuch und das Regelheft sind in der Du-Phase und in der anschließenden Wir-Phase mögliche Nachschlagewerke.
Während der Wir-Phase kann es sein, dass die Lehrkraft die Struktur vorgeben bzw. helfend eingreifen muss, da dies den Schülern dieser Klassenstufe noch schwer fällt. Die Symbole (Materialseite 3) erleichtern den Überblick.

Material

- Materialseite 1: auf Folie
- Materialseite 2: auf Folie
- Materialseite 3: in Anzahl der Paare und groß für die Tafel
- ggf. Mindmap (s. Lösungsvorschlag zu S. 46)
- leeres DIN A4-Papier und Scheren
- ggf. Lösungsvorschlag zu S. 46 (s. Lösungen)

E. Wiecha/S. Hartkopf-Scholz: Mathe kooperativ! Klasse 5
© Auer Verlag – AAP Lehrerfachverlage GmbH, Donauwörth

Was weißt du über die Größen?

1 Nimm dir 3 DIN-A4-Blätter.
Falte sie 2-mal der Länge nach
und schneide sie in 4 Streifen.

2 Was fällt dir zum Thema „Größen: Einheiten und Umrechnungszahlen“ ein?

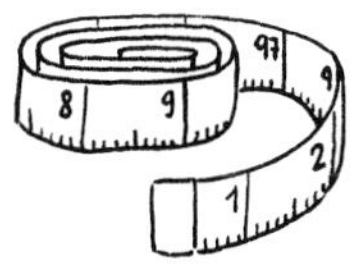

3 Notiere auf die Streifen alles, was dir zu diesem Thema einfällt.
- Notiere nur einen Begriff pro Streifen.
- Du hast 3 Minuten Zeit.
- Wenn du mehr Streifen benötigst, kannst du dir weitere Blätter am Lehrerpult holen.

4 Ertönt das Signal, höre auf zu schreiben und suche dir einen Partner.

E. Wiecha/S. Hartkopf-Scholz: Mathe kooperativ! Klasse 5
© Auer Verlag – AAP Lehrerfachverlage GmbH, Donauwörth

Was muss raus? Was bleibt drin?

1 Vergleiche deine Begriffe mit den Begriffen deines Partners. Sortiert doppelte Begriffe aus.

2 Holt euch das Blatt mit den 4 Symbolen für die Größen am Lehrerpult und schneidet diese aus.

3 Sortiert auf dem Tisch eure Begriffe zu den 4 Größen (Geld, Gewicht, Länge, Zeit).

4 Holt euch am Lehrerpult weitere Papierstreifen. Notiert, was euch zusätzlich zu den bereits aufgeschriebenen Begriffen einfällt. Ihr habt 10 Minuten Zeit.

5 Legt sie zu der jeweiligen Größe auf den Tisch.

6 Ertönt das Signal, hört auf zu schreiben und stellt eure Ergebnisse der Klasse vor.

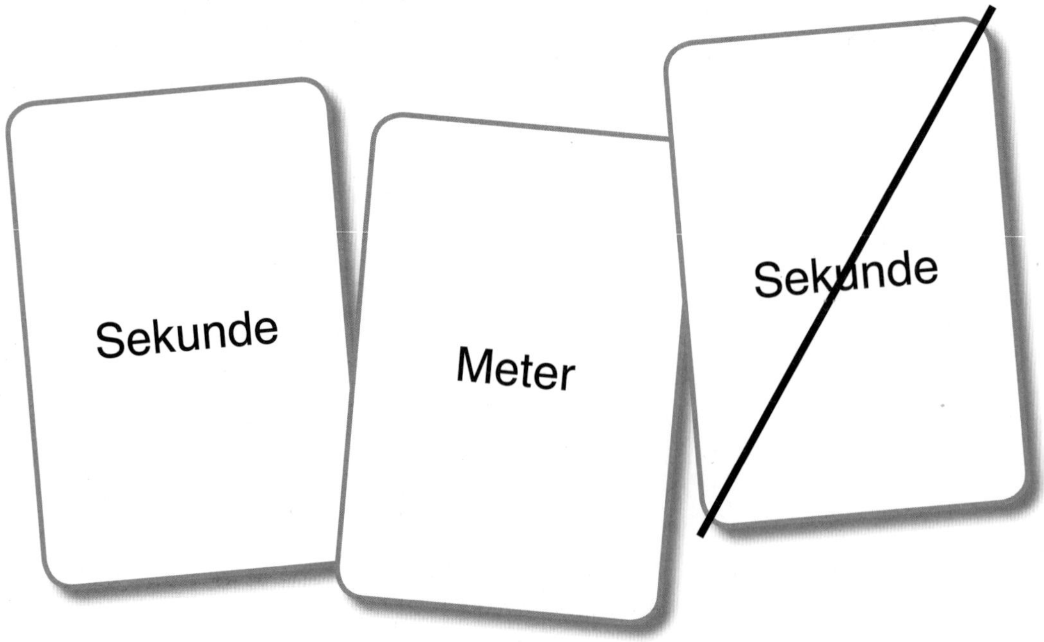

E. Wiecha/S. Hartkopf-Scholz: Mathe kooperativ! Klasse 5
© Auer Verlag – AAP Lehrerfachverlage GmbH, Donauwörth

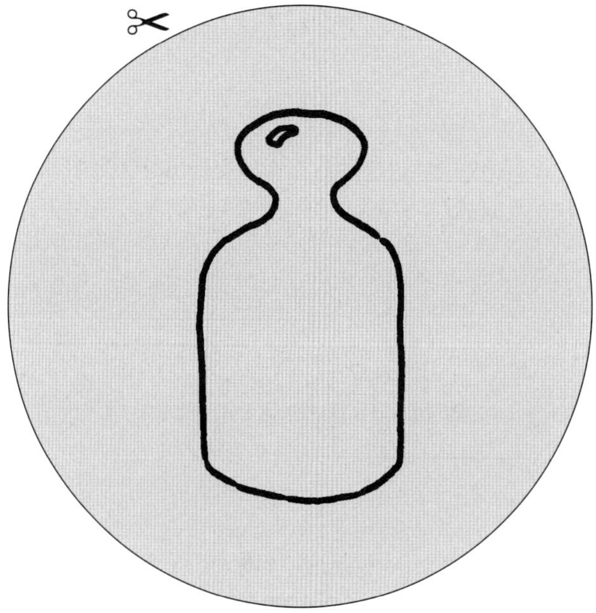

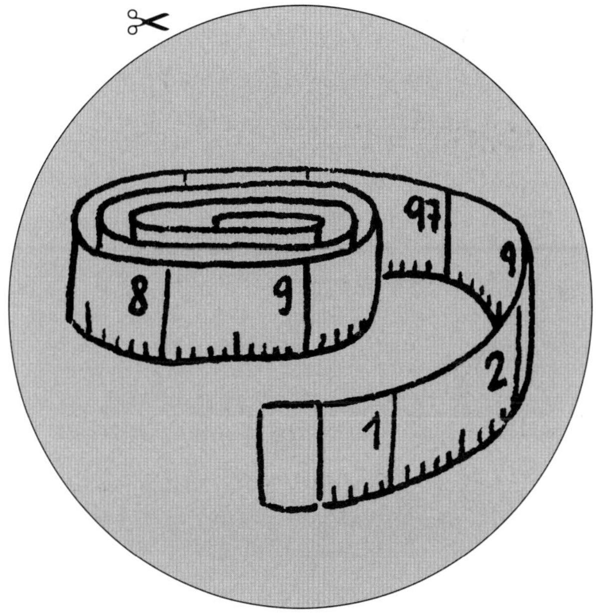

E. Wiecha/S. Hartkopf-Scholz: Mathe kooperativ! Klasse 5
© Auer Verlag – AAP Lehrerfachverlage GmbH, Donauwörth

Methode

Bei dieser Methode werden die prägnanten Eigenschaften von ebenen Figuren durch unterschiedliche Formen und Größen verdeutlicht und gefestigt. Das Aufstellen von Hypothesen und deren Überprüfung bahnen wichtige mathematische Fähigkeiten, u. a. die Beweisführung. Die Vielfalt der Beispiele hilft, diese Gesetzmäßigkeiten in verschiedenen Fällen wiederzuerkennen.

➤ Methodensteckbrief: S. 87/88

Hinweise/Tipps

Kompetenzen

- inhaltsbezogene mathematische Kompetenzen im Bereich der Leitidee Raum und Form
- die soziale Kompetenz
- allgemein mathematische Kompetenzen K1 (Mathematisch argumentieren), K2 (Probleme mathematisch lösen) und K6 (Kommunizieren)

Hinweise zur Durchführung

Die Planung bezieht sich auf 1-2 Schulstunden. Die Dauer ist abhängig von dem Arbeitstempo und der Abstraktionsfähigkeit der Schüler.

Die Schüler finden sich in Gruppen von mindestens 4 Kindern zusammen. Die Einteilung erfolgt durch die Lehrkraft. Da differenzierte Materialien angeboten werden, ist ein mögliches Kriterium die Leistungsfähigkeit der Schüler.

Innerhalb der Gruppe muss der Rateleiter bestimmt werden, durch die Schüler selbst oder die Lehrkraft. Nur der Rateleiter darf die Lösungen (s. u.) einsehen.

In der abschließenden Reflexionsphase kann das Regelheft als Nachschlagewerk verwendet werden.

Material

- Materialseite 1: in Anzahl der Gruppen
- Materialseite 2: ggf. vergrößert und schon zugeschnitten, in Anzahl der Gruppen
- Materialseite 3: ggf. vergrößert und schon zugeschnitten, in Anzahl der Gruppen
- Materialseite 4: ggf. vergrößert und schon zugeschnitten, in Anzahl der Gruppen
- Materialseite 5: ggf. vergrößert und schon zugeschnitten, in Anzahl der Gruppen
- Materialseite 6: ggf. vergrößert und schon zugeschnitten, in Anzahl der Gruppen
- Schere
- Geodreieck, Lineal
- Kleine Zettel und Stifte

Lösungen

Regel A: Es sind gleichseitige Vierecke, d. h. die Seiten sind immer gleich lang.
Regel B: Zwei Winkel im Viereck sind gleich groß.
Regel C: Die Figur besitzt mindestens einen rechten Winkel.
Regel D: Es ist ein Viereck, denn es besitzt vier Ecken.
Regel E: Die gegenüberliegenden Seiten sind parallel.

E. Wiecha/S. Hartkopf-Scholz: Mathe kooperativ! Klasse 5
© Auer Verlag – AAP Lehrerfachverlage GmbH, Donauwörth

Eigenschaften ebener Figuren

Vorbereitung: Bestimmt in der Gruppe einen Rateleiter, z. B. mit dem Spiel „Schere-Stein-Papier". Schneidet gemeinsam die Figuren aus und erstellt Schilder mit „Ja" und „Nein". Der Rateleiter holt sich vom Lehrer die entsprechende Lösung und ist auch der einzige, der die Lösungsregel sehen und kennen darf.

Spielverlauf: Im Spiel verwaltet der Rateleiter die „Ja"- und „Nein"-Schilder und stellt die Frage: „Entspricht diese Figur der gesuchten Regel?" Alle anderen raten.
Jedes Gruppenmitglied, das denkt, die Regel gefunden zu haben, schreibt sie auf einen Zettel und gibt sie beim Rateleiter ab. Man kann auch weitere Figuren einsortieren, um diese Vermutung zu überprüfen.

Spielende: Das Spiel endet, wenn alle Gruppenmitglieder die Regel herausgefunden haben oder alle Figuren richtig zugeordnet wurden. Werden Karten nicht richtig zugeordnet, müssen sie erneut zugeordnet werden.

Reflexion: In einer Abschlussrunde kann jedes Gruppenmitglied Fragen stellen, so dass am Ende alle die Regel kennen.

Aufgabe: Findet die Regel, der alle ebenen Figuren der „Ja"-Seite entsprechen.

Notiert die jeweilige Regel:

Regel A: ______________________________

____

Regel B: ______________________________

____

Regel C: ______________________________

____

Regel D: ______________________________

____

Regel E: ______________________________

____

Für Schnelle: Alle Gruppenteilnehmer notieren sich die Regel und zeichnen eine Beispielfigur dazu.

E. Wiecha/S. Hartkopf-Scholz: Mathe kooperativ! Klasse 5
© Auer Verlag – AAP Lehrerfachverlage GmbH, Donauwörth

Regel A

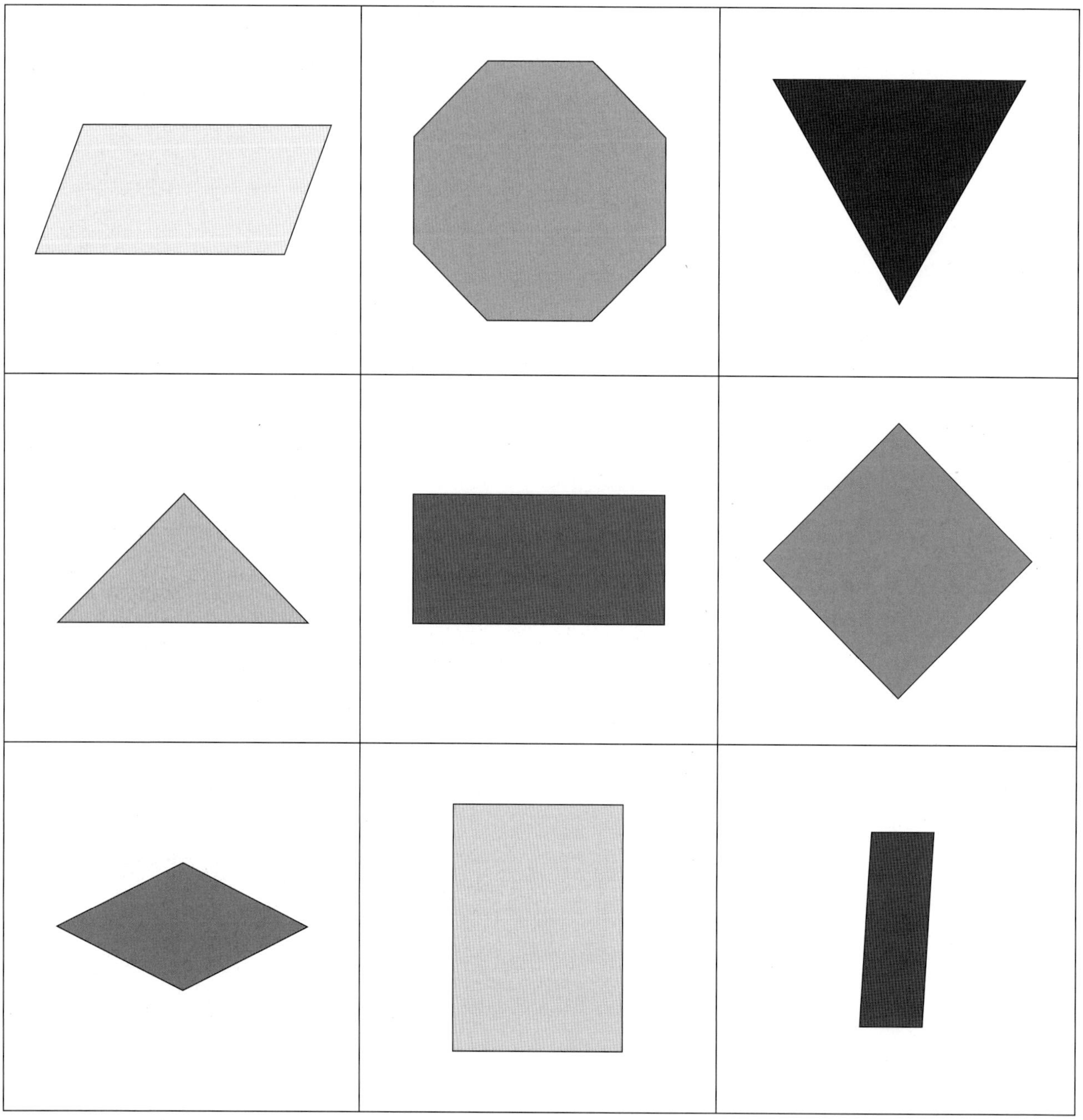

E. Wiecha/S. Hartkopf-Scholz: Mathe kooperativ! Klasse 5
© Auer Verlag – AAP Lehrerfachverlage GmbH, Donauwörth

Regel B

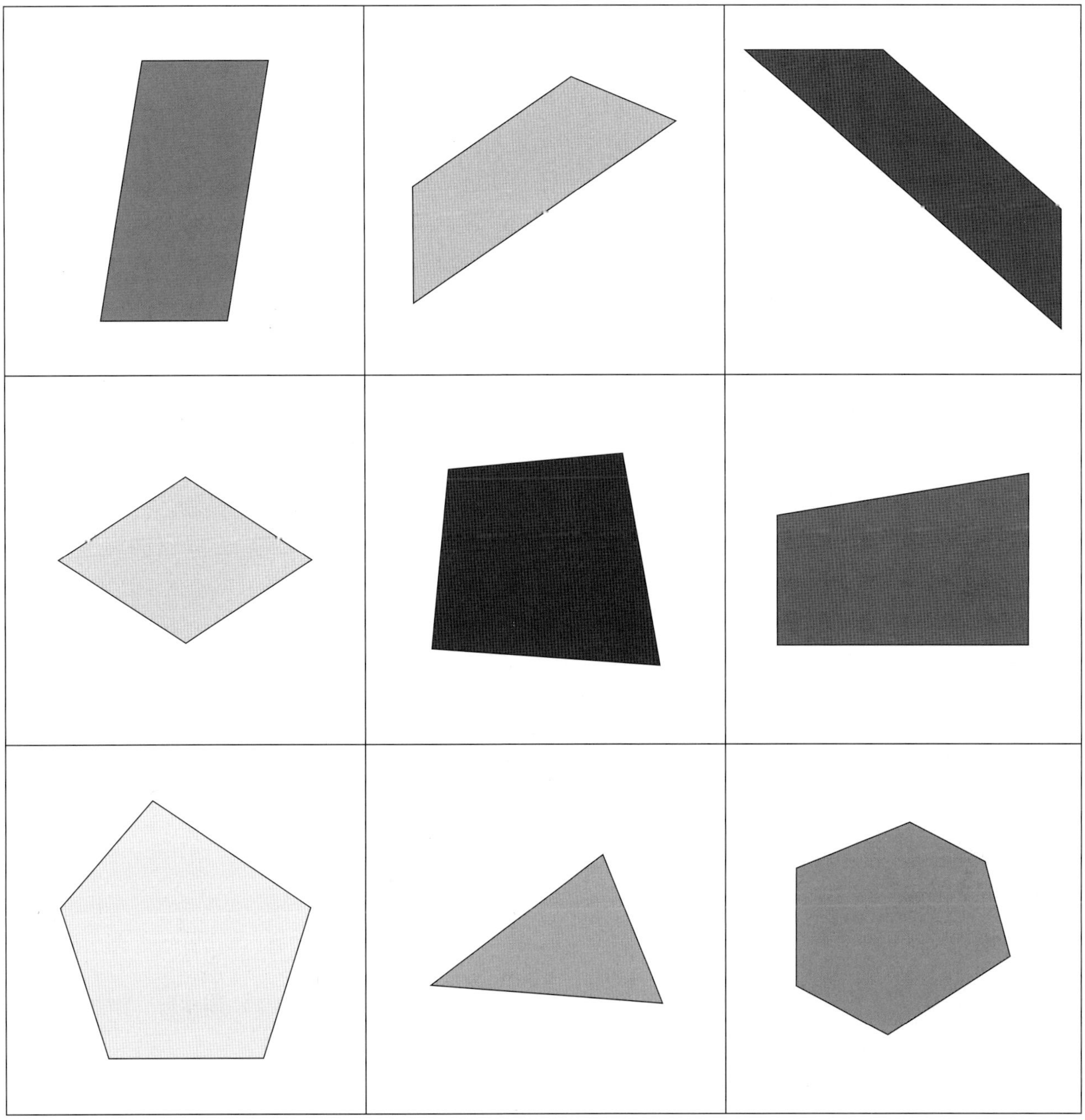

E. Wiecha/S. Hartkopf-Scholz: Mathe kooperativ! Klasse 5
© Auer Verlag – AAP Lehrerfachverlage GmbH, Donauwörth

Regel C

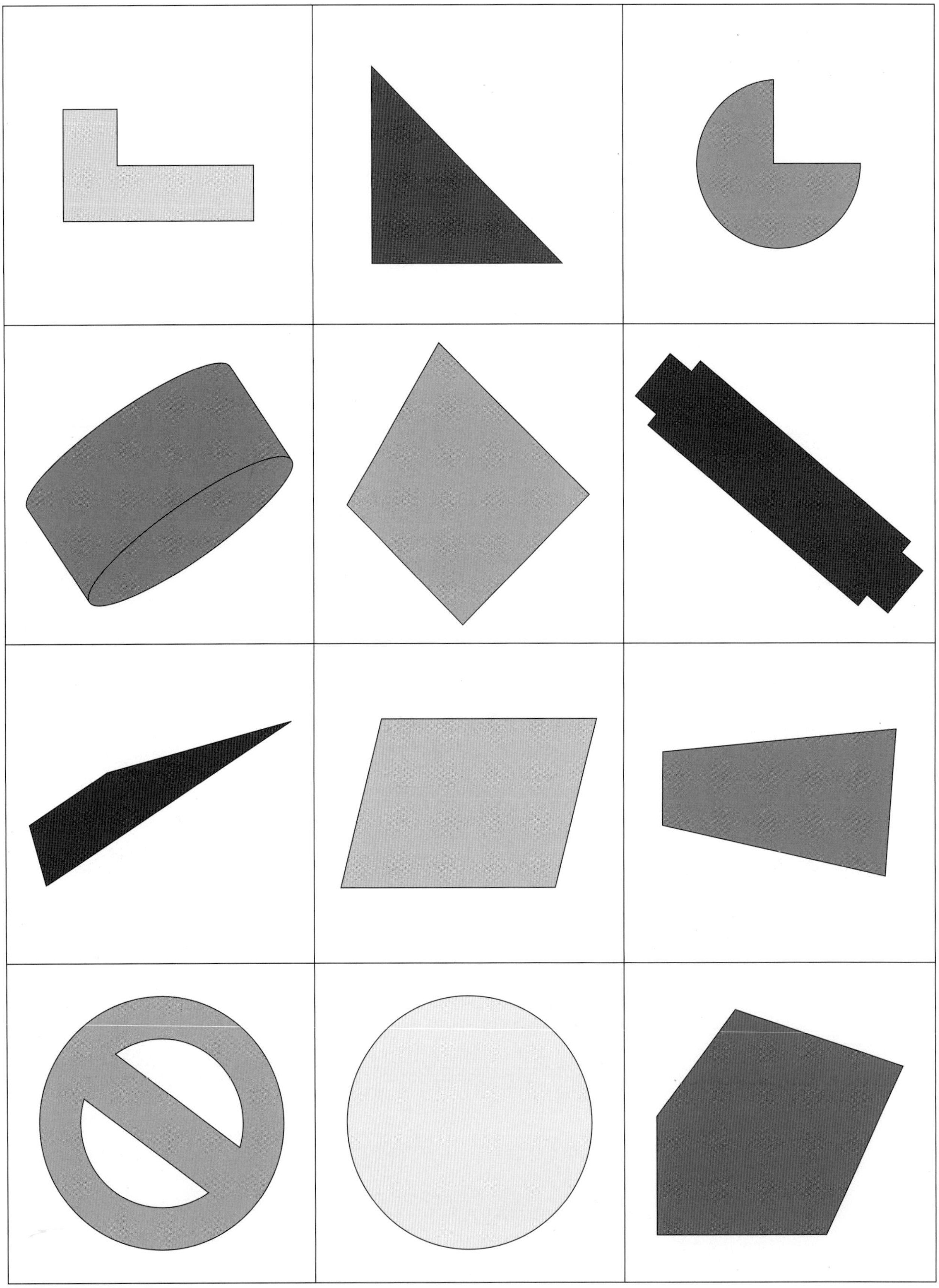

E. Wiecha/S. Hartkopf-Scholz: Mathe kooperativ! Klasse 5
© Auer Verlag – AAP Lehrerfachverlage GmbH, Donauwörth

Regel D

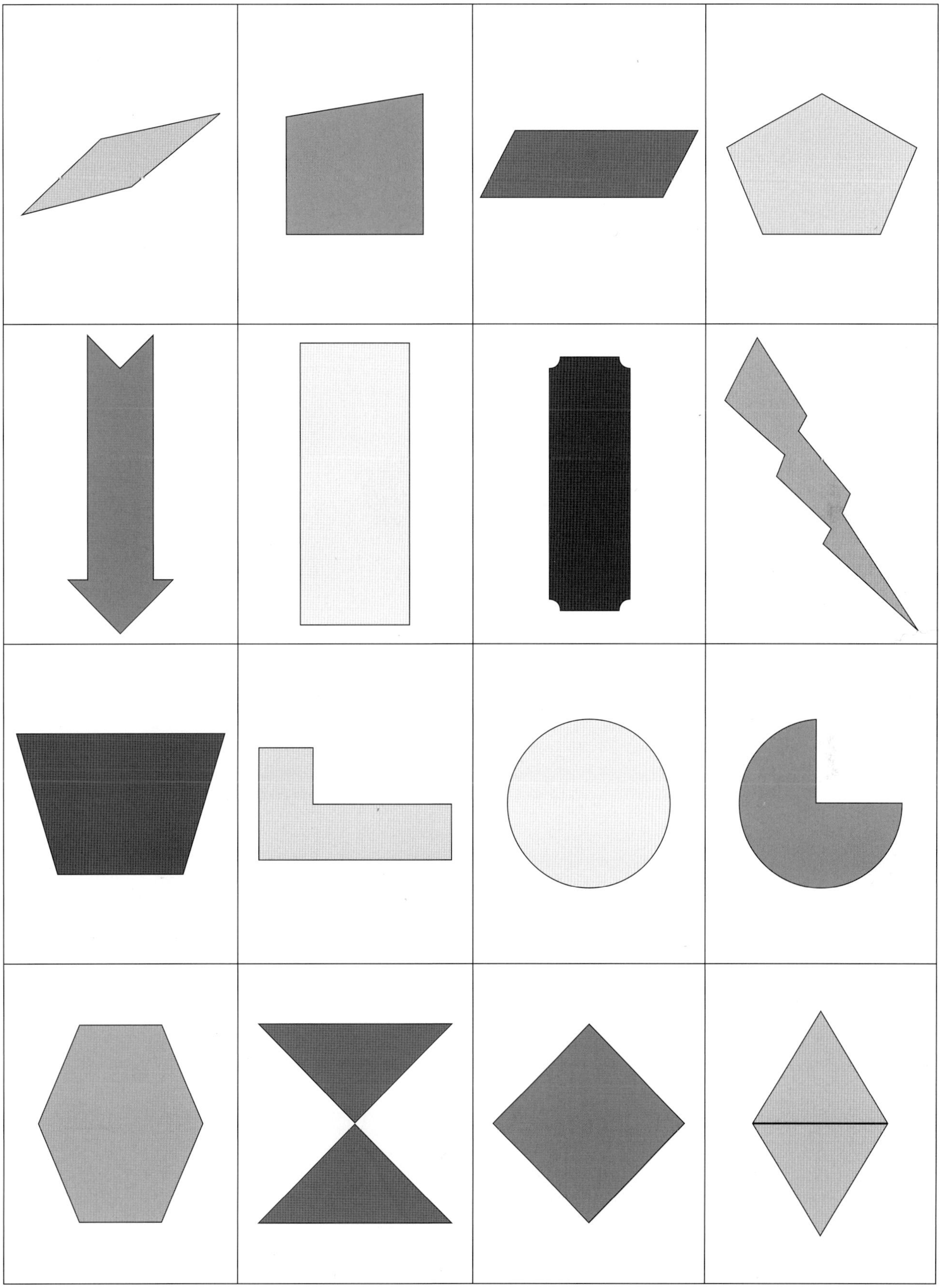

E. Wiecha/S. Hartkopf-Scholz: Mathe kooperativ! Klasse 5
© Auer Verlag – AAP Lehrerfachverlage GmbH, Donauwörth

Regel E

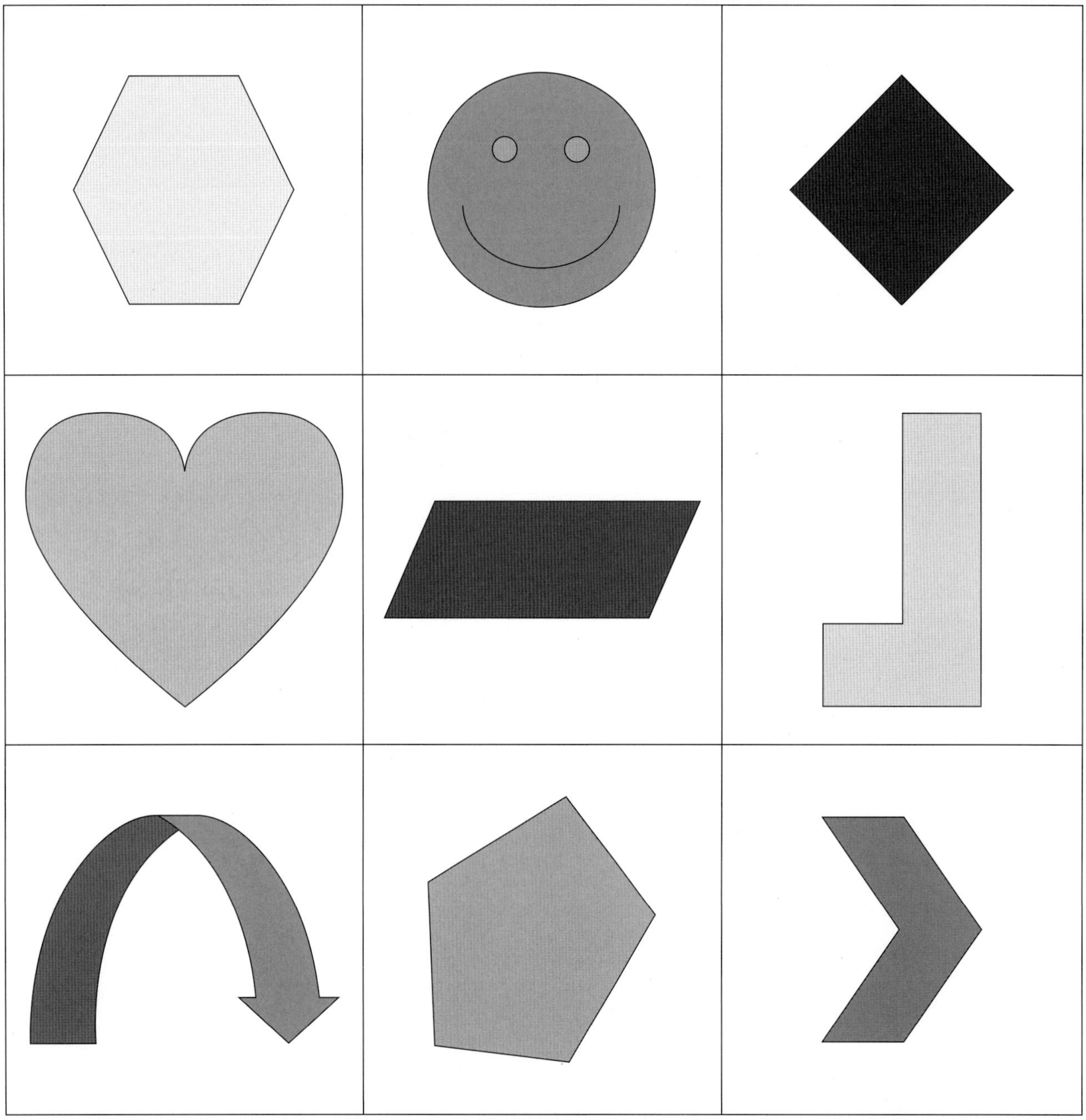

E. Wiecha/S. Hartkopf-Scholz: Mathe kooperativ! Klasse 5
© Auer Verlag – AAP Lehrerfachverlage GmbH, Donauwörth

Methode

Bei dieser Methode wird die Achsensymmetrie gefestigt, indem – auch durch das haptische Material – die Achsen gefunden werden können und so ggf. Denkfehler vermieden bzw. visualisiert werden. Beispielsweise sieht ein Parallelogramm symmetrisch aus, ist es aber nachweislich nicht – z. B. durch übereinander legen.

➤ Methodensteckbrief: S. 87/88

Hinweise/Tipps

Kompetenzen

- inhaltsbezogene mathematische Kompetenzen im Bereich der Leitidee Raum und Form
- die soziale Kompetenz
- allgemein mathematische Kompetenzen K1 (Mathematisch argumentieren), K2 (Probleme mathematisch lösen) und K6 (Kommunizieren)

Hinweise zur Durchführung

Die Planung bezieht sich auf 1-2 Schulstunden. Die Dauer ist abhängig von dem Arbeitstempo und der Abstraktionsfähigkeit der Schüler.

Die Schüler finden sich in Gruppen von mindestens 4 Kindern zusammen. Die Einteilung erfolgt durch die Lehrkraft. Da differenzierte Materialien angeboten werden, ist ein mögliches Kriterium die Leistungsfähigkeit der Schüler.

Innerhalb der Gruppe muss der Rateleiter bestimmt werden, durch die Schüler selbst oder die Lehrkraft. Nur der Rateleiter darf die Lösungen (s. u.) einsehen.

Material

- Materialseite 1: in Anzahl der Gruppen
- Materialseite 2: ggf. vergrößert und schon zugeschnitten, in Anzahl der Gruppen
- Materialseite 3: ggf. vergrößert und schon zugeschnitten, in Anzahl der Gruppen
- Materialseite 4: ggf. vergrößert und schon zugeschnitten, in Anzahl der Gruppen
- Materialseite 5: ggf. vergrößert und schon zugeschnitten, in Anzahl der Gruppen
- Materialseite 6: ggf. vergrößert und schon zugeschnitten, in Anzahl der Gruppen
- Schere
- Geodreieck, Lineal
- Kleine Zettel und Stifte

Lösungen

Regel A: Die Figuren haben eine Spiegelachse.
Regel B: Die Figuren haben zwei Spiegelachsen.
Regel C: Die Figuren haben mindestens zwei Spiegelachsen.
Regel D: Die Figuren haben einen Drehpunkt.
Regel E: Die Figuren haben keine Symmetrieeigenschaft.

E. Wiecha/S. Hartkopf-Scholz: Mathe kooperativ! Klasse 5
© Auer Verlag – AAP Lehrerfachverlage GmbH, Donauwörth

Symmetrie-Eigenschaften

Vorbereitung: Bestimmt in der Gruppe einen Rateleiter, z. B. mit dem Spiel „Schere-Stein-Papier". Schneidet gemeinsam die Figuren aus und erstellt Schilder mit „Ja" und „Nein". Der Rateleiter holt sich vom Lehrer die entsprechende Lösung und ist auch der einzige, der die Lösungsregel sehen und kennen darf.

Spielverlauf: Im Spiel verwaltet der Rateleiter die „Ja"- und „Nein"-Schilder und stellt die Frage: „Entspricht diese Figur der gesuchten Regel?" Alle anderen raten.
Jedes Gruppenmitglied, das denkt, die Regel gefunden zu haben, schreibt sie auf einen Zettel und gibt sie beim Rateleiter ab. Man kann auch weitere Figuren einsortieren, um diese Vermutung zu überprüfen.

Spielende: Das Spiel endet, wenn alle Gruppenmitglieder die Regel herausgefunden haben oder alle Figuren richtig zugeordnet wurden. Werden Karten nicht richtig zugeordnet, müssen sie erneut zugeordnet werden.

Reflexion: In einer Abschlussrunde kann jedes Gruppenmitglied Fragen stellen, so dass am Ende alle die Regel kennen.

Aufgabe: Findet die Regel, der alle ebenen Figuren der „Ja"-Seite entsprechen.

Notiert die jeweilige Regel:

Regel A: ______________________________

____

Regel B: ______________________________

____

Regel C: ______________________________

____

Regel D: ______________________________

____

Regel E: ______________________________

____

Für Schnelle: Alle Gruppenteilnehmer notieren sich die Regel und zeichnen eine Beispielfigur dazu.

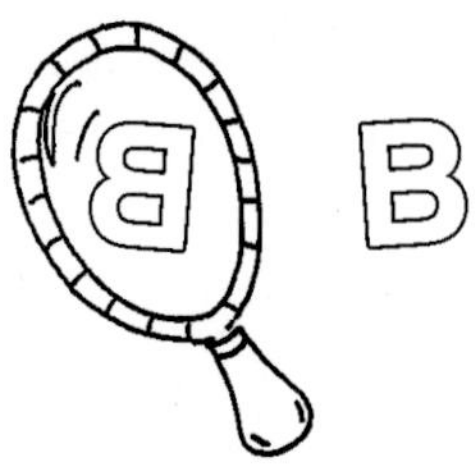

E. Wiecha/S. Hartkopf-Scholz: Mathe kooperativ! Klasse 5
© Auer Verlag – AAP Lehrerfachverlage GmbH, Donauwörth

Regel A

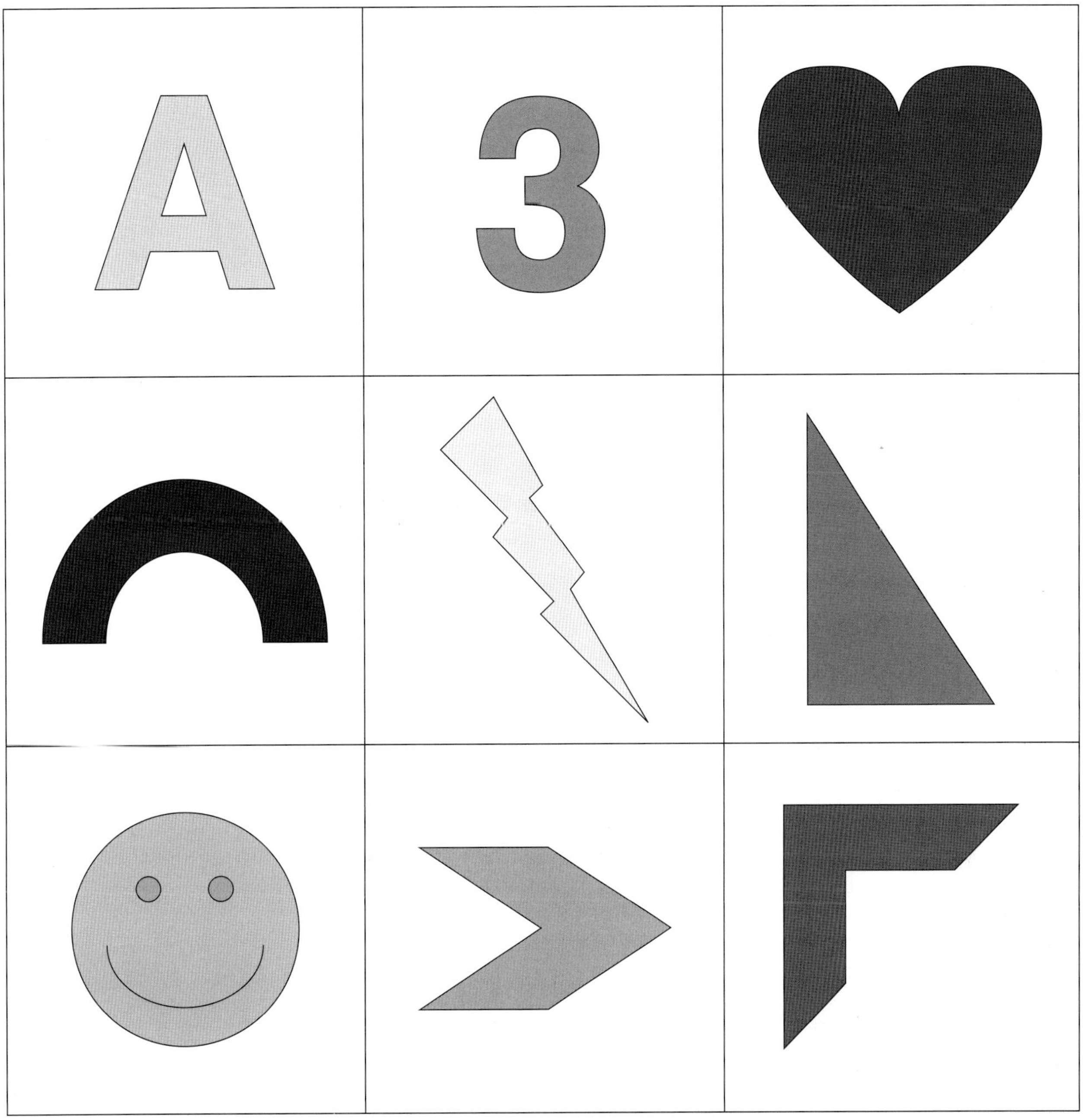

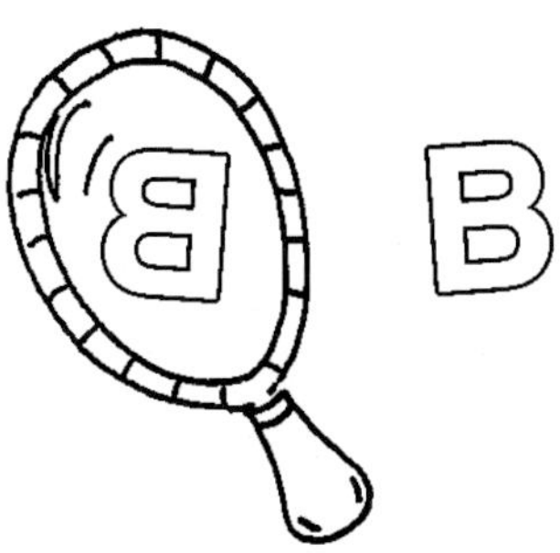

E. Wiecha/S. Hartkopf-Scholz: Mathe kooperativ! Klasse 5
© Auer Verlag – AAP Lehrerfachverlage GmbH, Donauwörth

Regel B

A	3	0
H	I	5
X	B	8

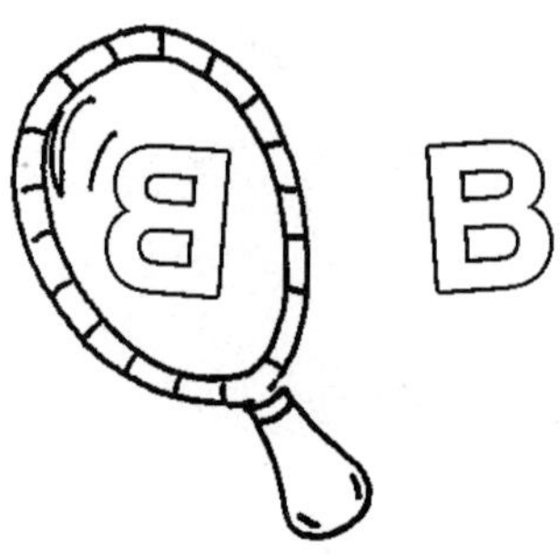

E. Wiecha/S. Hartkopf-Scholz: Mathe kooperativ! Klasse 5
© Auer Verlag – AAP Lehrerfachverlage GmbH, Donauwörth

Regel C

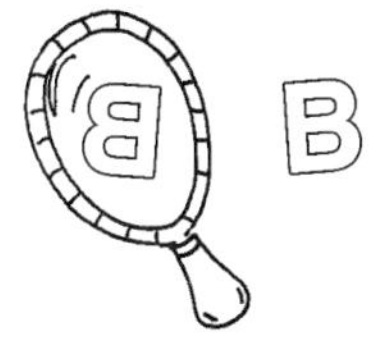

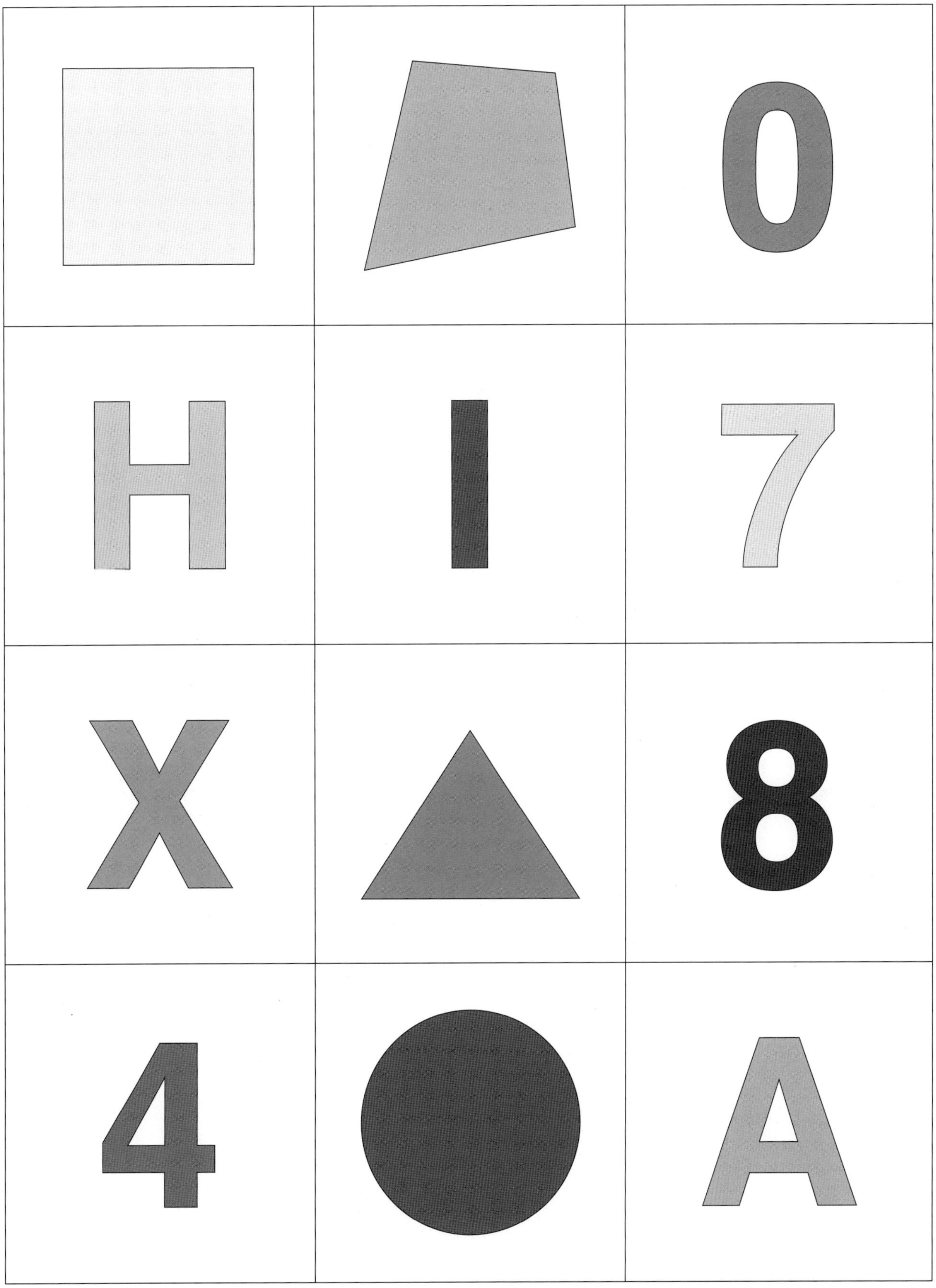

E. Wiecha/S. Hartkopf-Scholz: Mathe kooperativ! Klasse 5
© Auer Verlag – AAP Lehrerfachverlage GmbH, Donauwörth

Regel D

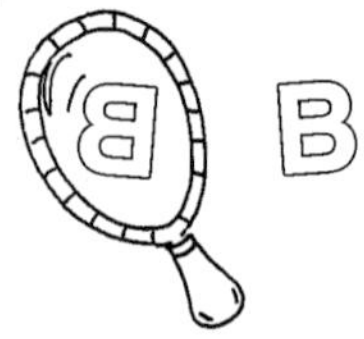

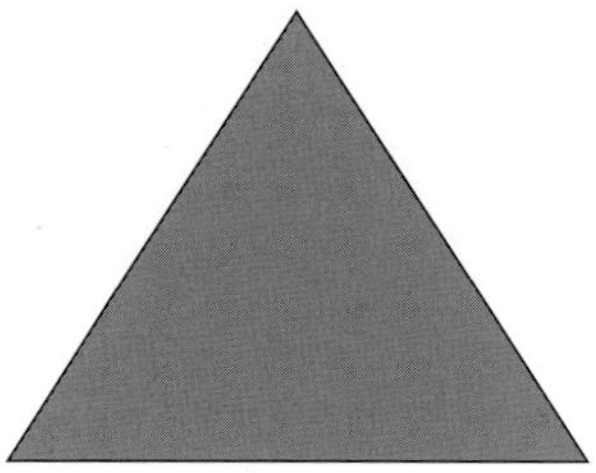	96	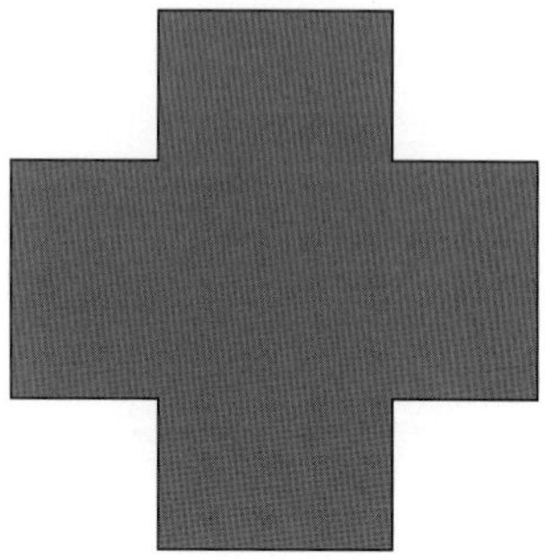
0	S	N
B	8	Z
2	F	69

E. Wiecha/S. Hartkopf-Scholz: Mathe kooperativ! Klasse 5
© Auer Verlag – AAP Lehrerfachverlage GmbH, Donauwörth

Regel E

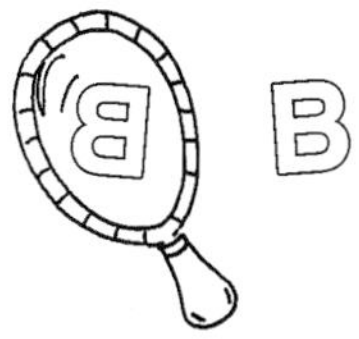

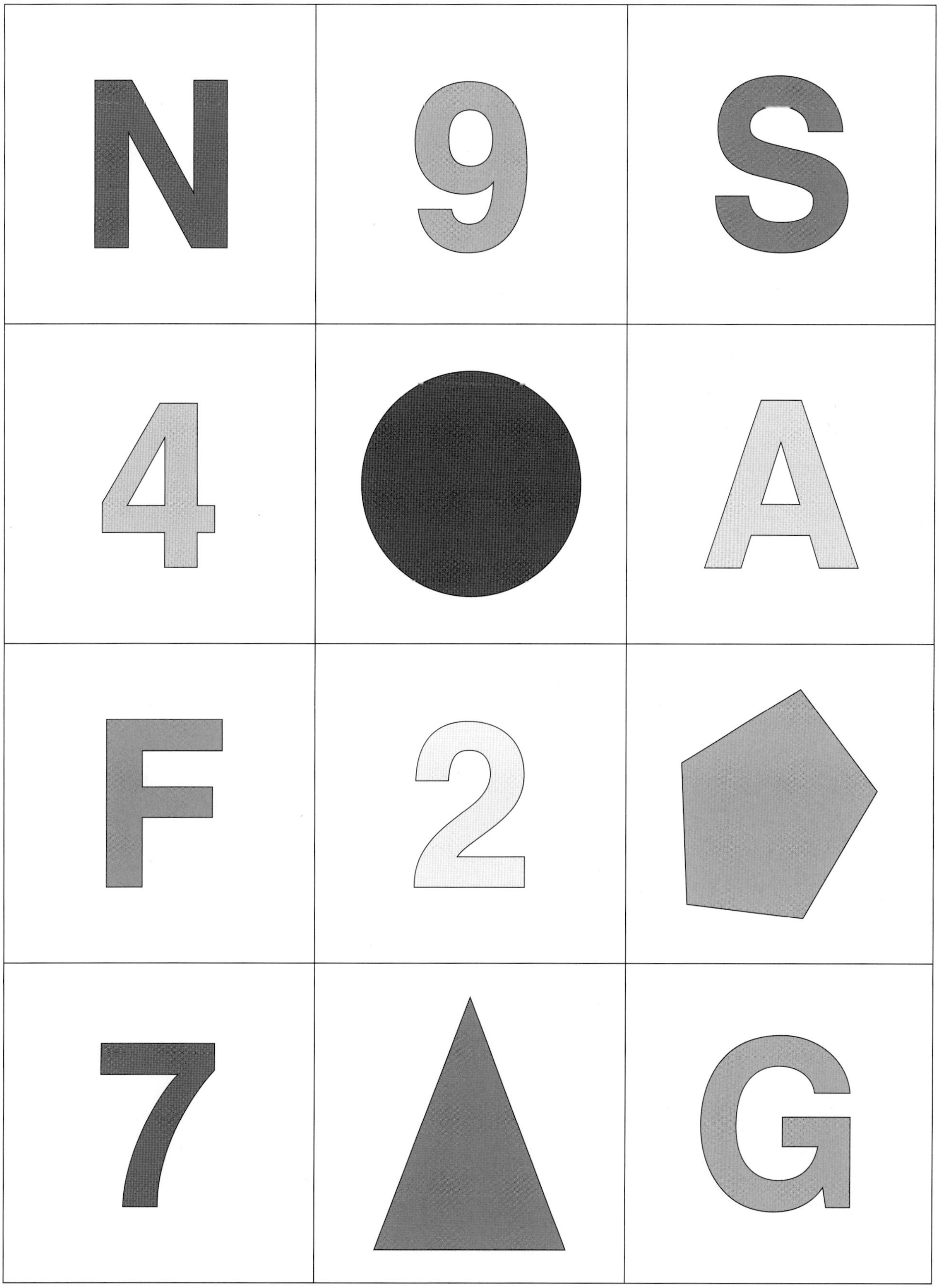

E. Wiecha/S. Hartkopf-Scholz: Mathe kooperativ! Klasse 5
© Auer Verlag – AAP Lehrerfachverlage GmbH, Donauwörth

Methode

Die Frottage-Technik und die anschließende Analyse – erst allein, dann gemeinsam – ermöglicht die Anwendung bekannter Inhalte auf neue, nicht vorhersehbarer Objekte und Muster. Das sukzessive Öffnen der Kommunikation durch Partner- und Gruppenarbeit ermöglicht allen Schülern die aktive Teilnahme an diesem Prozess. Da sich jeder einbringen muss, werden alle am aktiven lebensnahen Lernen beteiligt. Argumentations- und Reflexionsfähigkeit können so geschult werden.

➤ Methodensteckbrief: S. 84

Hinweise/Tipps

Kompetenzen

- inhaltsbezogene mathematische Kompetenzen im Bereich der Leitidee Raum und Form
- die soziale Kompetenz
- allgemein mathematische Kompetenzen K1 (Mathematisch argumentieren), K5 (Mit symbolischen, formalen und technischen Elementen der Mathematik umgehen) und K6 (Kommunizieren)
- ggf. fächerübergreifendes Arbeiten, z. B. mit Kunst (Frottage-Technik)

Hinweise zur Durchführung

Die Planung bezieht sich auf 1-2 Schulstunden. Die Dauer ist abhängig von dem Arbeitstempo und der Abstraktionsfähigkeit der Schüler.
Mögliche Strukturierungshilfen bei der Durchführung können sein: Symbolkarten für die Arbeitsphasen, Zeitvorgaben für die einzelnen Phasen und akustische Signale für den Phasenwechsel.

Damit die Schüler die Arbeitsschritte selbstständig leisten können, empfiehlt es sich, die Begriffe „Gerade“, „Parallele“ und „Senkrechte“ vor der eigentlichen Arbeit zu wiederholen. Zudem unterstützen die Hilfekärtchen (Materialseite 2) das selbstständige Arbeiten.
Für die Ich-Phase sollten zudem die Verhaltens- und Lautstärkeregeln vorab wiederholt werden. Ggf. kann impulsiven Schüler jeweils ein regelbewusster Schüler an die Seite gestellt werden. Für die Frottage-Technik eignen sich am besten „klassische“ Bleistifte, da sie eine gewisse Fläche besitzen. Diese Phase dauert ca. 10 min.
Für die Du-Phase können die Paarzusammensetzungen vorgegeben werden. Die Schüler sollen hier möglichst auf den Millimeter genau messen. Schnelle Schüler können hier mehrere Muster nachzeichnen. Diese Phase dauert auch ca. 10 min.
Die Wir-Phase kann im Plenum oder in Kleingruppen stattfinden:

- Ausstellung der Ergebnisse (ggf. dauerhaft als Zimmerschmuck) und Beschreibung der Vorgehensweise und Schwierigkeiten.
- Musterdiktat: D. h. ein Schüler gibt Anweisungen für ein Muster, das dann die Gruppe nachzeichnen muss. Die Kopien werden mit dem Original verglichen und Abweichungen können diskutiert werden.

Weitere mögliche Verarbeitungen:

- Ausstellung der Ergebnisse (Originale und Kopien) im Klassenzimmer.
- Die Schüler wählen ein Muster aus, kleben es auf ein weißes Blatt, um es dann mehrfach in alle möglichen Himmelsrichtungen zu spiegeln, so oft, bis das Blatt voll ist.

Material

- Materialseite 1: ggf. aufgeteilt, in Anzahl der Schüler
- Materialseite 2: aufgeteilt und mehrfach kopiert
- weiße DIN A4-Blätter: in doppelter Anzahl der Schüler
- Bleistifte und Geodreiecke: in Anzahl der Schüler

E. Wiecha/S. Hartkopf-Scholz: Mathe kooperativ! Klasse 5
© Auer Verlag – AAP Lehrerfachverlage GmbH, Donauwörth

Muster und Strukturen in der Schule

1 Ich-Phase (Einzelarbeit): Frottage-Technik

a Suche eine Oberfläche mit einer regelmäßigen Struktur (z. B. Parallelen und Senkrechten).

b Lege das weiße Blatt auf die Oberfläche und halte es mit einer Hand gut fest. Reibe nun mit einem Bleistift über diese Stelle und übertrage so das gefundene Muster auf dein Blatt.

c Finde mindestens zwei weitere Muster und übertrage auch diese auf dasselbe Blatt.

2 Du-Phase (Partnerarbeit): Nachzeichnen

a Tausche mit deinem Partner deine gefundenen Muster aus.

b Wähle ein Muster deines Partners und miss es genau aus. Übertrage das Muster mithilfe deiner Messungen in dieses Kästchen:

c Verschiebe das Muster mehrmals nach rechts, bis die gesamte Fläche ausgefüllt ist. Du erhältst ein Musterband, ein Ornament.

E. Wiecha/S. Hartkopf-Scholz: Mathe kooperativ! Klasse 5
© Auer Verlag – AAP Lehrerfachverlage GmbH, Donauwörth

So gehst du vor:

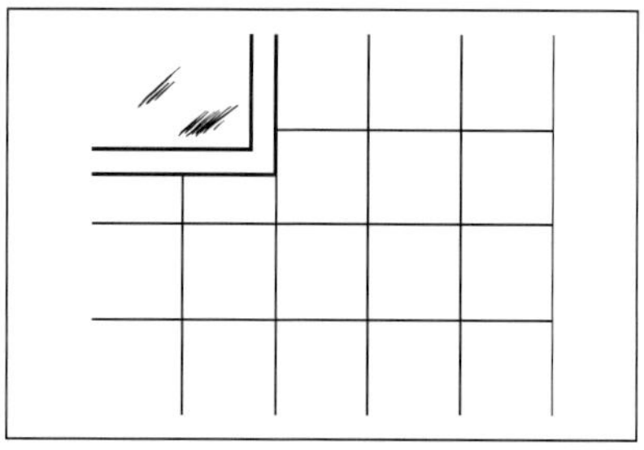
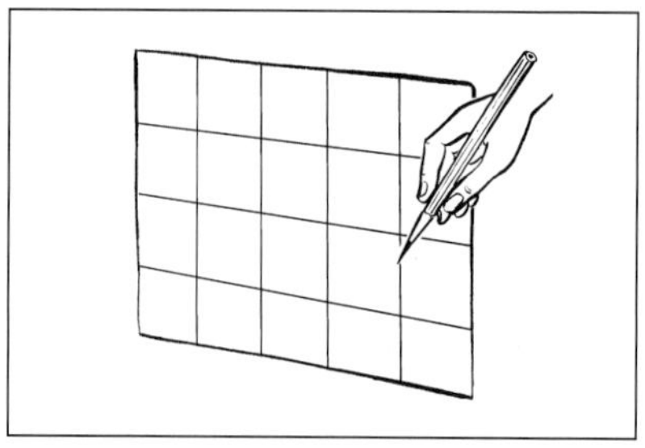
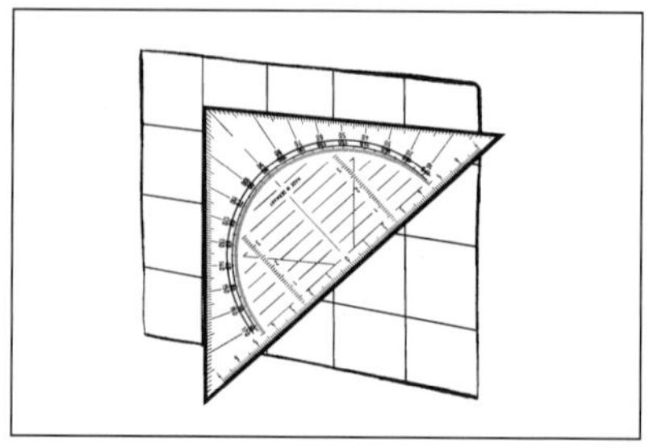

So gehst du vor:

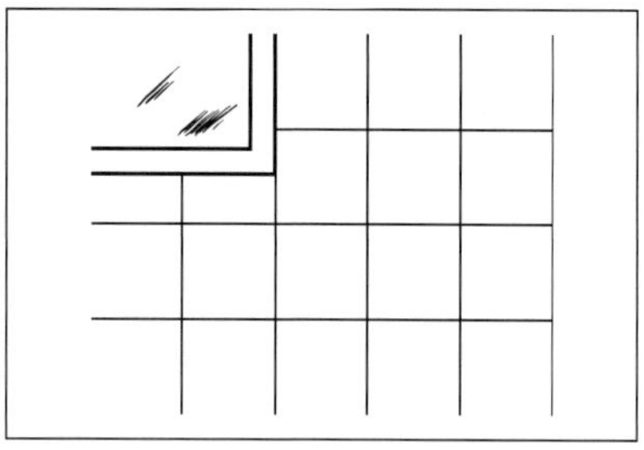
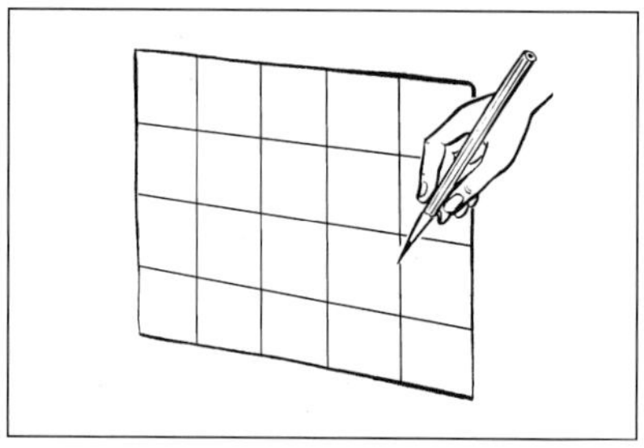
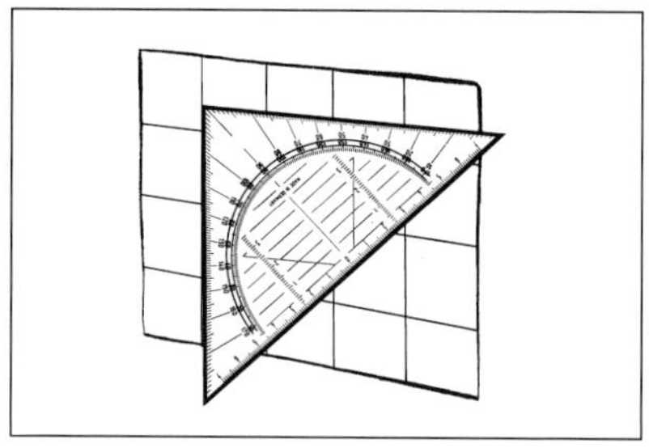

So gehst du vor:

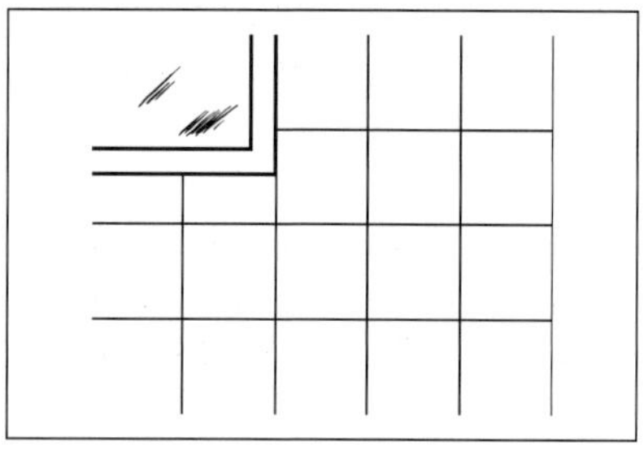
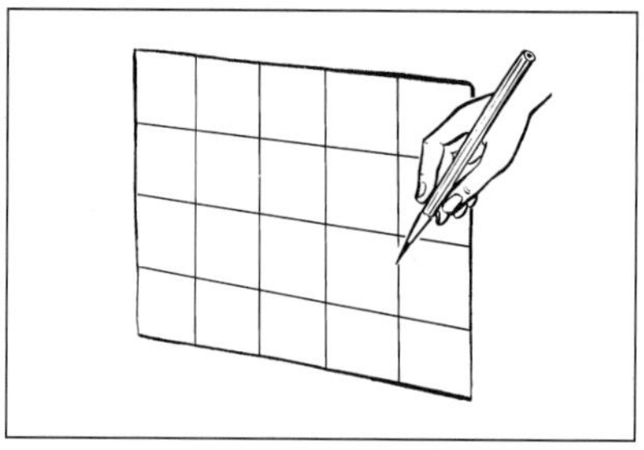
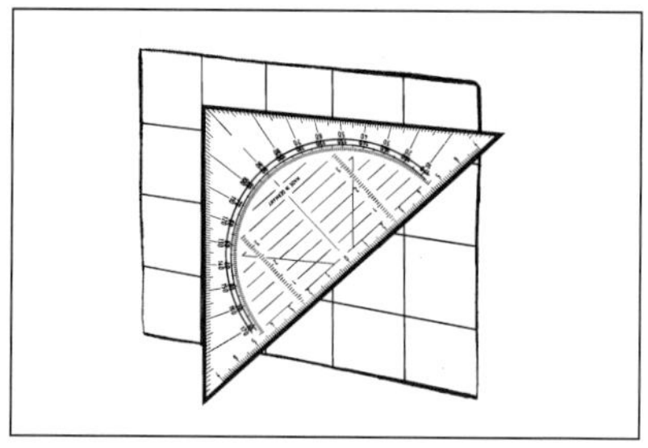

So gehst du vor:

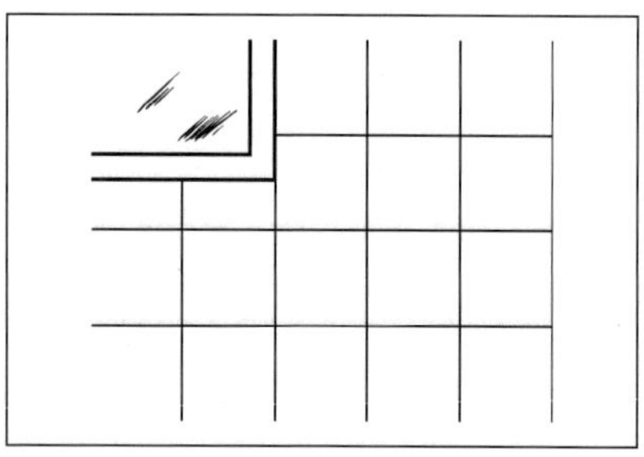
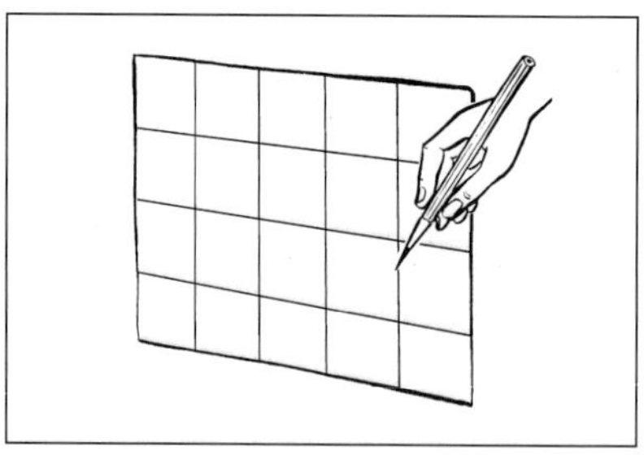
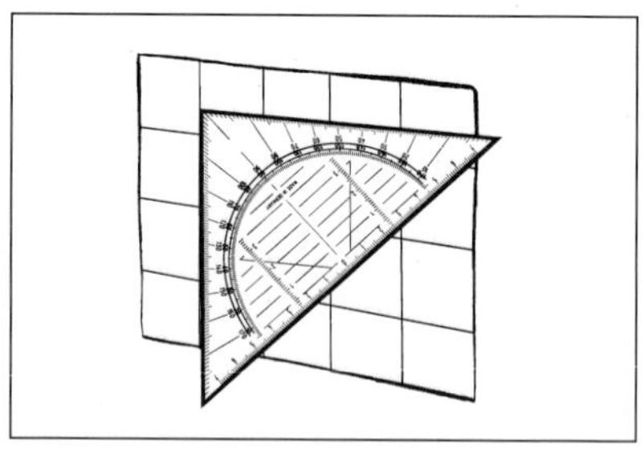

So gehst du vor:

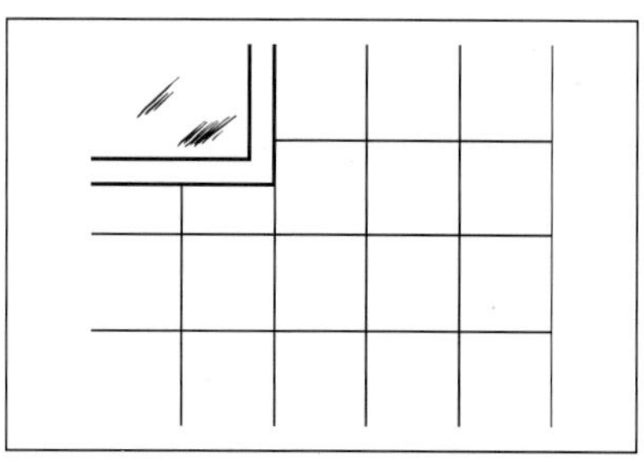
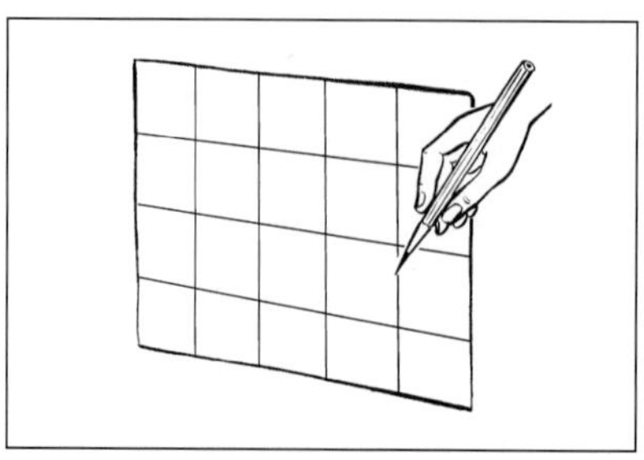
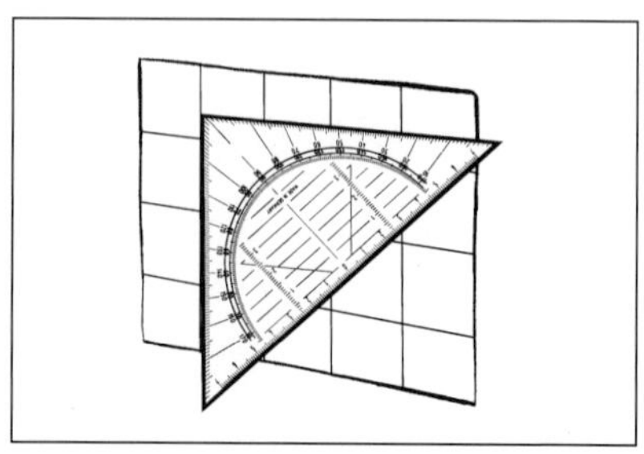

E. Wiecha/S. Hartkopf-Scholz: Mathe kooperativ! Klasse 5
© Auer Verlag – AAP Lehrerfachverlage GmbH, Donauwörth

Methoden

Ein Klassenfest lebt u. a. davon, dass die Schüler bei der Planung mit einbezogen werden und soweit möglich auch mit organisieren. Mit der Methode „Ich-Du-Wir“ werden die Schüler aktiviert, sich damit zu beschäftigen und können so ihre Ideen einbringen.
Da die Partner- und Gruppenfindung mithilfe des Lerntempoduetts geschieht, arbeiten immer Schüler zusammen, die ungefähr gleich schnell arbeiten.

➤ Methodensteckbriefe: S. 84/85

Hinweise/Tipps

<u>Kompetenzen</u>

- inhaltsbezogene mathematische Kompetenzen im Bereich der Leitidee Funktionaler Zusammenhang
- die soziale Kompetenz
- allgemein mathematische Kompetenzen K1 (Mathematisch argumentieren), K4 (Mathematische Darstellungen verwenden) und K6 (Kommunizieren)

<u>Hinweise zur Durchführung</u>

Während der Phasen sollte die jeweilige Sozialform (Einzelarbeit, Partnerarbeit und ggf. Gruppenarbeit) eingehalten werden.
Schnelle Paare und Gruppen können bereits die Tesafilm-Streifen für das spätere Tafelbild vorbereiten. Die Lehrkraft kann sich die Ergebnisse dieser Gruppen bereits durchlesen und so einen ersten Überblick bekommen. Wenn die Oberbegriffe bereits an der Tafel stehen, können sich die Schüler beim Sortieren der Begriffe daran orientieren.
Die Wir-Phase findet als Gruppenarbeit statt. Hierzu bilden immer zwei Paare eine Gruppe. Erst jetzt werden die Streifen beschriftet. Die Sicherung findet dann im Klassenplenum statt. Die Ideen können in einer Mindmap gesammelt werden. Hierbei kann es sein, dass die Lehrkraft strukturierend eingreifen muss, da dies Schülern dieser Klassenstufe noch schwer fällt. Farbige Kärtchen bzw. farbige Schrift verbessern den Überblick.
Wenn man die Mindmap fotografiert bzw. auf einem Plakat erstellt, kann sie für die weitere Planung gut verwendet werden.

Material

- Materialseite 1: ggf. aufgeteilt, in Anzahl der Schüler
- Papierstreifen: ca. 30 pro Gruppe
- Eddings, Tesafilm, Schere
- ggf. Lösungsvorschlag zu S. 66 (s. Lösungen)

E. Wiecha/S. Hartkopf-Scholz: Mathe kooperativ! Klasse 5
© Auer Verlag – AAP Lehrerfachverlage GmbH, Donauwörth

Unser Grillfest

1 Ich-Phase (Einzelarbeit)

Deine Klasse möchte bald ein Grillfest veranstalten. Es gibt viel zu tun. Jetzt heißt es gut planen!
Da es ein Klassenfest ist, soll natürlich jeder von euch Spaß daran haben. Deshalb kommt es auf die Ideen aller Schüler an, also auch auf deine Ideen.

a Schreibe in dein Mathematikheft alles auf, an was deine Klasse bei der Planung denken muss und was du dir wünschst. Schreibe untereinander.

b Wenn du fertig bist, gehe zum Treffpunkt und warte auf den nächsten Schüler.

2 Du-Phase (Partnerarbeit)

Ein schönes Fest – dazu gibt es viele Meinungen und Ideen!

a Tauscht eure Ideen aus, was für die Planung des Festes wichtig ist und was ihr euch wünscht.

b Hakt die Punkte ab, die der Partner ebenfalls hat.

c Ergänzt die Vorschläge, die der Partner zusätzlich genannt hat.

d Wenn ihr bei einem Vorschlag nicht einer Meinung seid, besprecht, ob diese Idee für das Grillfest sinnvoll ist.

e Wenn ihr fertig seid, stellt euch vor die Tafel und wartet auf das nächste Paar. Bildet zusammen mit diesem Paar eine Gruppe.

3 Wir-Phase (Gruppenarbeit)

Damit sich alle auf dem Fest wohlfühlen, zählt die Meinung von jedem Schüler. Tauscht euch aus!

a Tauscht eure Ideen aus, was für die Planung des Festes wichtig ist und was ihr euch wünscht.

b Hakt die Punkte ab, die das andere Paar ebenfalls hat.

c Ergänzt die Vorschläge, die das andere Paar zusätzlich genannt hat.

d Wenn ihr bei einem Vorschlag nicht einer Meinung seid, besprecht, ob diese Idee für das Grillfest sinnvoll ist.

e Einer aus der Gruppe holt am Lehrerpult Papierstreifen ab.

f Schreibt eure Begriffe nun auf die Papierstreifen. Schreibt deutlich und verwendet nur einen Begriff pro Streifen.

g Übernehmt die Oberbegriffe von der Tafel und ordnet die Streifen diesen Begriffen zu.

h Wenn ihr fertig sein, informiert eure/n Lehrer/in

E. Wiecha/S. Hartkopf-Scholz: Mathe kooperativ! Klasse 5
© Auer Verlag – AAP Lehrerfachverlage GmbH, Donauwörth

Methode

Bei der konkreten Planung und Kalkulation müssen viele verschiedene Dinge gleichzeitig erledigt werden. Die Gruppenarbeit, hier arbeitsteilig organisiert, ermöglicht es, dass jeder Schüler seine Fähigkeiten einbringen kann.

➤ Methodensteckbrief: S. 89/90

Hinweise/Tipps

Kompetenzen

- inhaltsbezogene mathematische Kompetenzen im Bereich der Leitidee Funktionaler Zusammenhang
- die soziale Kompetenz
- allgemein mathematische Kompetenzen K1 (Mathematisch argumentieren), K2 (Probleme mathematisch lösen), K3 (Mathematisch modellieren) und K6 (Kommunizieren)
- Gestaltung am Computer, ggf. fächerübergreifender Unterricht

Hinweise zur Durchführung

- Allgemeines: Für die verschiedenen Planungsschritte gibt es Hilfestellungen und vorbereitete Tabellen (Materialseite 2–10).
- Vorbereitung: Alle Schüler gestalten in Einzelarbeit eine Einladung. Beispielsweise in Form eines Wettbewerbs werden die drei „besten" Einladungen bestimmt. Diese 3 Schüler bilden Gruppe I. Die anderen Schüler werden auf die Gruppen II-VIII aufgeteilt, sinnvoll sind immer 3-5 Schüler pro Gruppe. Es werden die unterschiedlichsten Fähigkeiten benötigt. In Materialseite 1 wird eingetragen, wer welche Arbeit übernimmt. Sie sollte gut sichtbar im Klassenzimmer angebracht sein, damit Lehrer und Schüler ihre Ansprechpartner jederzeit finden können.
- Durchführung: Die Schüler müssen zur Recherche ggf. Internetzugang haben oder in den Läden selbst nachfragen können, ggf. können hier auch Prospekte u. ä. Materialien helfen. Für die Präsentation eignen sich z. B. Plakate und OHP-Folien.
- Abschluss: Abschließend werden die Ergebnisse vor der Klasse präsentiert und z. B. finanzielle Entscheidungen demokratisch abgestimmt. Um Kalkulationen besser vergleichen zu können, sollten sie nebeneinander der Klasse vorgestellt werden. Dafür eigenen sich neben der Tafel, Plakate oder OHP-Folien.

Weiterer Verlauf

- Die Einladungsrückläufe müssen für alle sichtbar sein.
- Beim Einkauf sollten Erwachsene beteiligt sein, u. a. da Kühlketten eingehalten werden müssen.
- Auf- und Abbau kann auch gut von jeweils der halben Klasse geleistet werden, gemäß den Plänen der Gruppen IV und VII.

Hinweise zu den Gruppen

- Gruppe I: Einigung darüber, welche Karte für Schüler, Lehrer oder Eltern verwendet wird; Feingestaltung, z. B. am Computer; Verwaltung der Gästeliste und Gästebeiträge
- Gruppe II: Planung, Kalkulation und Einkauf; ggf. müssen Kühlketten eingehalten werden.
- Gruppe III: Planung, Kalkulation (und Einkauf); ggf. müssen Kühlketten eingehalten werden.
- Gruppe IV: Planung und Koordination; Durchführung von halber Klasse
- Gruppe V: Planung, Kalkulation (und Einkauf)
- Gruppe VI: Ideensammlung (u. a. Klassenbefragung) und Organisation
- Gruppe VII: Planung und Koordination; Durchführung von halber Klasse
- Gruppe VIII: Mathematisch begabter Schüler oder Lehrkraft; Erstellung einer Abrechnung und Bericht vor der Klasse

E. Wiecha/S. Hartkopf-Scholz: Mathe kooperativ! Klasse 5
© Auer Verlag – AAP Lehrerfachverlage GmbH, Donauwörth

Material

- Materialseite 1: auf DIN A3, einmal; evtl. auch auf Folie
- Materialseite 2: in Anzahl aller Schüler
- Materialseite 3: ggf. vergrößert, einmal
- Materialseite 4: Anzahl = Gruppenmitglieder + 1
- Materialseite 5: Anzahl = Gruppenmitglieder + 1
- Materialseite 6: Anzahl = Gruppenmitglieder + 1
- Materialseite 7: Anzahl = Gruppenmitglieder + 1
- Materialseite 8: ggf. vergrößert, einmal
- Materialseite 9: Anzahl = Gruppenmitglieder + 1
- Materialseite 10: Anzahl = Gruppenmitglieder + 1
- Schülerliste mit allen Namen: mindestens 3-mal
- Computer mit Gestaltungsprogrammen für Texte und Bilder
- ggf. Internetzugang, Prospekte u. ä.
- Taschenrechner
- Präsentationsmaterial (Plakate, OHP-Folien, Eddings, Klebstoff, Scheren, usw.)

E. Wiecha/S. Hartkopf-Scholz: Mathe kooperativ! Klasse 5
© Auer Verlag – AAP Lehrerfachverlage GmbH, Donauwörth

Gruppenübersicht: „Wer macht was?“

Gruppe	Aufgabenbereich	Schülernamen	Hilfen
I	Einladung		• Zeitungsprospekte • Material 2/3 • Schülerliste
II	Getränke		• Prospekte • Supermarkt • Material 4/5
III	Essen		• Prospekte • Supermarkt • Material 6-8 • Schülerliste
IV	Aufbau		• Hausmeister • Sekretariat
V	Grillzubehör & Deko		• Prospekte • Supermarkt • Material 9/10
VI	„Fun“/Spiele		• Prospekte • Supermarkt
VII	Abbau		• Hausmeister • Sekretariat
VIII	Kasse		• Schülerliste

E. Wiecha/S. Hartkopf-Scholz: Mathe kooperativ! Klasse 5
© Auer Verlag – AAP Lehrerfachverlage GmbH, Donauwörth

Die Einladung

Gestalte eine ansprechende, witzige und informative Einladung!

Beachte:
- dass es ein Grillfest ist.
- ob die Einladung schwarz-weiß oder auf buntes Papier kopiert wird. (Farbkopien sind leider sehr teuer.)
- für wen die Einladung ist: Mitschüler, Lehrer, Eltern

Folgende Informationen sollten enthalten sein:

Bild/Logo passend zur Party!

Einladung für .... und zum ....

Wann?

Wo?

(Ansprache der Person und Bitte zu kommen!: Liebe Eltern/Schüler/Lehrer, wir würden uns freuen, wenn Sie/ihr zu .... kommen würden/t.)

Eure Klasse ______

✂ -

Ich komme. JA ❍ Nein ❍ *Mit ____ Personen (nur für Eltern!)*

Ich esse gerne ____ Steak, ____ Würstchen*, ____ Schafskäse*
** Ohne Schwein bitte ankreuzen:* ❍

Ich bringe mit: ______________ (Salate/Brot/…)

______________ ______________
Name Unterschrift

Anzahl der Einladungen:

Schüler/-innen		*Klassenstärke*
Eltern		*Klassenstärke (+ Zusätzliche)*
Lehrer/-innen		so viele, wie die Klasse einladen möchte.
Summe		

E. Wiecha/S. Hartkopf-Scholz: Mathe kooperativ! Klasse 5
© Auer Verlag – AAP Lehrerfachverlage GmbH, Donauwörth

Strichlisten für die Einladungsrückläufe

1 Eingeladene Lehrerinnen und Lehrer:

Frau ______________	Ja ❍ / Nein ❍	Herr ______________	Ja ❍ / Nein ❍
	Ja ❍ / Nein ❍		Ja ❍ / Nein ❍
	Ja ❍ / Nein ❍		Ja ❍ / Nein ❍

2 Fertigt eine Strichliste an: „Es kommen:"

	Ja	**Nein**	**Vielleicht/keine Antwort**
Schülerinnen und Schüler			
Eltern			
Lehrerinnen und Lehrer			
Summe			

3 Sammelt die in den Rückläufen angegebenen Salate, Brote oder Saucen und notiert die Namen der Personen, die sie mitbringen.

Wer? Name	**Was? Salate/Brote/Saucen**

E. Wiecha/S. Hartkopf-Scholz: Mathe kooperativ! Klasse 5
© Auer Verlag – AAP Lehrerfachverlage GmbH, Donauwörth

Die Getränke (1)

Klärt folgende Fragen:

1 Wie viele Personen kommen voraussichtlich? Erwachsene: ________, Kinder: ________

2 Welche Getränke soll es geben? Tragt sie in der unteren Tabelle ein.

3 Frage an den Kassenwart: Wie viel Geld steht für Getränke zur Verfügung?

____________ €

4 Besorgt euch Informationen über die Preise der Getränke, z. B. durch Prospekte. Ergänzt damit die Tabelle.

5 Gebt an, in welchen Mengen (ml) die Getränke verfügbar sind. Schaut euch dazu im Supermarkt um. Ergänzt damit die Tabelle.

6 Entscheidet euch nun für eine Auswahl an Getränken.

Wichtige Informationen:

Getränkeart	Preis	Volumen pro Flasche/Tüte
Wasser		

7 Berechnet die Getränkemenge, die für die Feier voraussichtlich benötigt wird.

Hinweise: Pro Schüler muss man mindestens 1 Liter (für Erwachsene 1,5 Liter) Flüssigkeit rechnen. Rundet sinnvoll.

Rechnung:
Schüler:

Erwachsene:

Antwort: ____

____

E. Wiecha/S. Hartkopf-Scholz: Mathe kooperativ! Klasse 5
© Auer Verlag – AAP Lehrerfachverlage GmbH, Donauwörth

Die Getränke (2)

Klärt folgende Fragen:

1 Lösen durch Probieren:

a Berechnet mithilfe des Kostenrahmens, der benötigten Flüssigkeitsmenge und der Informationen zu Preis und Inhalt aus eurer Tabelle, wieviel ihr von jedem Getränk einkaufen könnt.

b Stellt mindestens 3 Kalkulationen auf.

Getränkeart	Anzahl	Menge (Anzahl mal Volumen pro Flasche/Tüte)	Preis (Anzahl mal Preis pro Flasche/Tüte)
Wasser			
Summe			

Getränkeart	Anzahl	Menge (Anzahl mal Volumen pro Flasche/Tüte)	Preis (Anzahl mal Preis pro Flasche/Tüte)
Wasser			
Summe			

Getränkeart	Anzahl	Menge (Anzahl mal Volumen pro Flasche/Tüte)	Preis (Anzahl mal Preis pro Flasche/Tüte)
Wasser			
Summe			

2 Notiert eure Einkaufsliste, wenn nötig mit Begründung.

3 Präsentiert der Klasse eure Lösung.

E. Wiecha/S. Hartkopf-Scholz: Mathe kooperativ! Klasse 5
© Auer Verlag – AAP Lehrerfachverlage GmbH, Donauwörth

Das Essen (1)

1 Wie viele Personen kommen voraussichtlich? Erwachsene: ______ , Kinder: ______

2 Welche Lebensmittel soll es geben? Tragt sie in der unteren Tabelle ein.

3 Frage an den Kassenwart: Wie viel Geld steht für Lebensmittel zur Verfügung?

__________ €

4 Besorgt euch Informationen über die Preise der Lebensmittel, z. B. durch Prospekte. Ergänzt damit die Tabelle.

5 Gebt an, in welchen Mengen die Lebensmittel verpackt sind. Schaut euch dazu im Supermarkt um. Ergänzt damit die Tabelle.

6 Entscheidet euch nun für eine Auswahl an Lebensmitteln.

Wichtige Informationen:

Lebensmittel	Preis pro Stück	Anzahl (Strichliste)
Wurst		
Steak		
Putensteak		
Rindswurst		
Schafskäse		
Chips		
Kräcker		

7 Berechnet die Essensmenge, die für die Feier voraussichtlich benötigt wird.

Hinweise: Pro Schüler muss man 150 g (für Erwachsene 250 g) Fleisch rechnen. Rundet sinnvoll.

Rechnung:
Schüler:

Erwachsene:

Antwort: ____

____

E. Wiecha/S. Hartkopf-Scholz: Mathe kooperativ! Klasse 5
© Auer Verlag – AAP Lehrerfachverlage GmbH, Donauwörth

Das Essen (2)

1 Lösen durch Probieren:

a Berechnet mithilfe des Kostenrahmens, der benötigten Essensmenge und der Preise, wieviel ihr von jedem Essen einkaufen könnt.

b Stellt mindestens 3 Kalkulationen auf.

Lebensmittel	Anzahl	Preis (Anzahl mal Preis pro Stück)
Wurst		
Steak		
Putensteak		
Rindswurst		
Schafskäse		
Summe		

Lebensmittel	Anzahl	Preis (Anzahl mal Preis pro Stück)
Wurst		
Steak		
Putensteak		
Rindswurst		
Schafskäse		
Summe		

Lebensmittel	Anzahl	Preis (Anzahl mal Preis pro Stück)
Wurst		
Steak		
Putensteak		
Rindswurst		
Schafskäse		
Summe		

2 Notiert eure Einkaufsliste, wenn nötig mit Begründung.

3 Präsentiert der Klasse eure Lösung.

E. Wiecha/S. Hartkopf-Scholz: Mathe kooperativ! Klasse 5
© Auer Verlag – AAP Lehrerfachverlage GmbH, Donauwörth

Das Essen (3)

1 Legt eine Liste an mit den Salaten, die mitgebracht werden.

Name	Salat/Brot/Saucen/Nachtisch	~ für ... Personen
	Summe	

2 Berechnet, wie viele Salate ungefähr benötigt werden.

Hinweis: Eine Schüssel Nudelsalat reicht für ca. 8–10 Personen, ein kleines Baguette für ca. 6 Personen.

Rechnung:

Antwort: Es werden rund ________ Salate und rund ________ Baguettes benötigt.

E. Wiecha/S. Hartkopf-Scholz: Mathe kooperativ! Klasse 5
© Auer Verlag – AAP Lehrerfachverlage GmbH, Donauwörth

Grillzubehör und Dekoration (1)

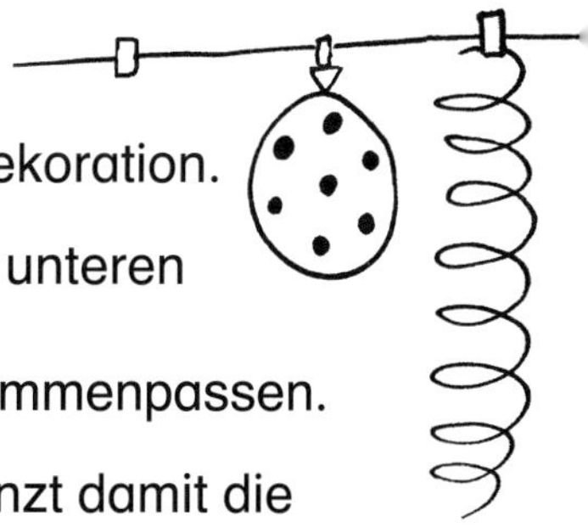

Für ein schönes Grillfest braucht man heiße Würstchen und eine schöne Dekoration.

1 Sammelt, was ihr benötigt und wer es besorgen kann. Tragt dies in der unteren Tabelle ein.
Hinweis: Die Farben der verschiedenen Dekorationsartikel sollten zusammenpassen.

2 Fragt Gruppe I nach der Gästeliste. Welche Mengen benötigt ihr? Ergänzt damit die Tabelle.

3 Frage an den Kassenwart: Wie viel Geld steht für Grillzubehör und Dekoration zur Verfügung? ____________ €

4 Besorgt euch Informationen über die Preise, z. B. bei Leihfirmen, Getränkemärkten und durch Prospekte. Ergänzt damit die Tabelle.

5 Gebt an, in welchen Mengen die Dinge verpackt sind. Schaut euch dazu im Supermarkt um. Ergänzt damit die Tabelle.

6 Markiert die Dinge, die nicht zwingend notwendig sind. Wenn nötig, könnt ihr z. B. Dekorationsartikel selbst herstellen.

Einkaufsliste:

Das brauchen wir ...	Das bekommen wir von?	Mengen/Kosten
z. B. Grill	*Grillplatz*	*1 x 50 € Leihgebühr*
Kohle		
Pappteller		
Messer/Gabel-Besteck		
Dessertlöffel		
Taschenmesser		
Tische		
Bänke		
Tischdecken		
Servietten		
Kerzen		
Mückenlichter		
Spüllappen		
Handtücher		
Spülmittel		
Wanne		
Toilettenpapier		

E. Wiecha/S. Hartkopf-Scholz: Mathe kooperativ! Klasse 5
© Auer Verlag – AAP Lehrerfachverlage GmbH, Donauwörth

10 Kalkulation eines Grillfestes

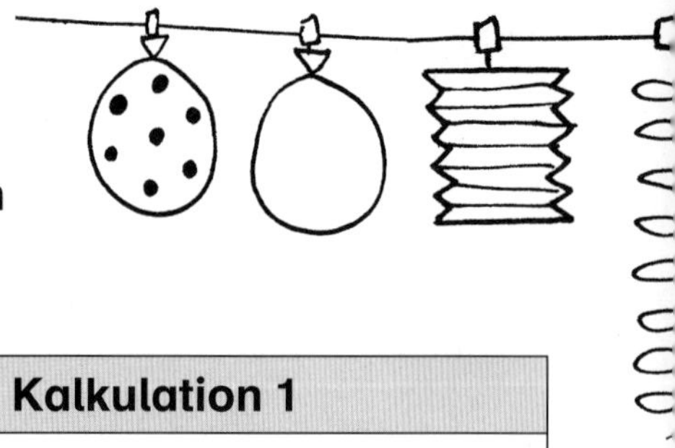

Grillzubehör und Dekoration (2)

1 Lösen durch Probieren:

a Berechnet mithilfe des Kostenrahmens, der benötigten Mengen und der Preise, wieviel ihr einkaufen könnt.

b Stellt 2 Kalkulationen auf.

Das brauchen wir ...	Kalkulation 1	Kalkulation 1
Kohle		
Pappteller		
Messer / Gabel-Besteck		
Dessertlöffel		
Taschenmesser		
Tische		
Bänke		
Tischdecken		
Servietten		
Kerzen		
Mückenlichter		
Spüllappen		
Handtücher		
Spülmittel		
Wanne		
Toilettenpapier		
Summe		

2 Notiert eure Einkaufsliste, wenn nötig mit Begründung.

3 Präsentiert der Klasse eure Lösung.

E. Wiecha/S. Hartkopf-Scholz: Mathe kooperativ! Klasse 5
© Auer Verlag – AAP Lehrerfachverlage GmbH, Donauwörth

Seite 7:

3 Mindmap:

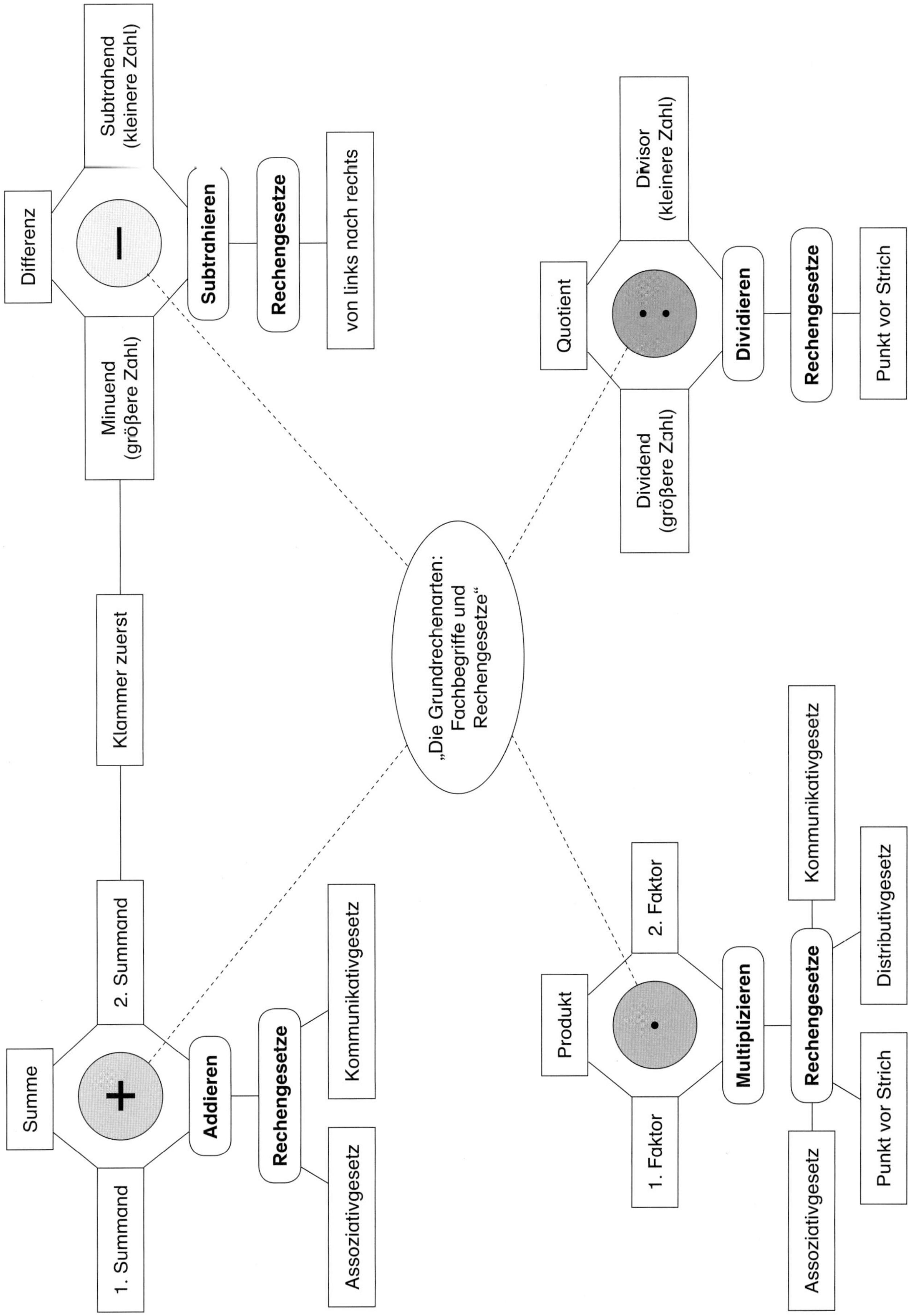

Seite 19:

Korrekte Sortierung:

„Ja“	„Nein“
42 : p = 21	389 = 395 – p
115 = 117 – p	p • 213 = 416
p • 33 = 66	23 – p = 20
p – 1 = 1	3 = p
112 : p = 56	
p + 23 = 25	
150 = 148 + p	
3 = 6 : p	

Regel: Alle Gleichungen haben die gleiche Lösungsmenge: {p = 2}.

Seite 20:

Korrekte Sortierung:

„Ja“	„Nein“
x : 2 = 2	2 : x = 1
x • 2 = 8	x + 32 = 37
10 • x = 40	x – 2 = 1
12 : x = 3	10 – x = 5
9 – x = 5	108 – x = 106
33 + x = 37	91 : x = 22
x + 102 = 106	
x – 1 = 3	

Regel 1: Alle Gleichungen haben die gleiche Lösungsmenge: {x = 4}.

Seite 21:

Korrekte Sortierung:

„Ja“	„Nein“
28z = 168	z – 42 = 238
8z – 15 = 9	33 = 3z
115 = 345 : z	15 – z > 30
227 – z = 197	6 + z < 5
z • 33 = 198	0 < 7
378 : z = 42	3 • 7 > 21
z + 118 = 130	
z : 6 = 8	

Regel 2: Alle Lösungen der Lösungsmenge sind durch 3 teilbar; Lösungsmenge: {3; 6; 9; 12; 30; 48}.

Seite 22:

Korrekte Sortierung:

„Ja“	„Nein“
t > 18	3 + t = 9
40 = 2 • t	60 : 12 > t
t : 2 = 44	225 : 15 < 13
t – 12 = 12	1 • t < 1
t = 13 + 8	t = 5
19 < t	17 < 9 – 2
t + 14 = 39	t > 16 + 2

Regel 3: Die Gleichungen und Ungleichungen enthalten Lösungen aus der folgenden Lösungsmenge: {t > 18}.

Seite 33:

1 – 4 Korrekte Umrechnung:

(· 1 000 →) (· 1 000 →) (· 1 000 →)

0,454 t = 454 kg = 454 000 g = 454 000 000 mg

5 a

(· 1 000 →) (· 1 000 →) (· 1 000 →)

0,024 t = 24 kg = 24 000 g = 24 000 000 mg

5 b

(· 1 000 →) (· 1 000 →) (· 1 000 →)

1,031 t = 1 031 kg = 1 031 000 g = 1 031 000 000 mg

5 c

(· 1 000 →) (· 1 000 →) (· 1 000 →)

0,542 t = 542 kg = 542 000 g = 542 000 000 mg

Seite 35:

1 – 4 Korrekte Umrechnung:

(· 1 000 →) (· 1 000 →) (· 1 000 →)

3,5 t = 3 500 kg = 3 500 000 g = 3 500 000 000 mg

5 a

(· 1 000 →) (· 1 000 →) (· 1 000 →)

0,024 t = 24 kg = 24 000 g = 24 000 000 mg

5 b

(· 1 000 →) (· 1 000 →) (· 1 000 →)

1,031 t = 1 031 kg = 1 031 000 g = 1 031 000 000 mg

5 c

(· 1 000 →) (· 1 000 →) (· 1 000 →)

0,542 t = 542 kg = 542 000 g = 542 000 000 mg

Seite 37:

1 – 4 Korrekte Umrechnung:

(· 1 000 →) (· 1 000 →) (· 1 000 →)

0,020 t = 20 kg = 20 000 g = 20 000 000 mg

5 a

(· 1 000 →) (· 1 000 →) (· 1 000 →)

0,024 t = 24 kg = 24 000 g = 24 000 000 mg

5 b

1,031 t $\xrightarrow{\cdot 1000}$ 1 031 kg $\xrightarrow{\cdot 1000}$ 1 031 000 g $\xrightarrow{\cdot 1000}$ 1 031 000 000 mg

1,031 t = 1 031 kg = 1 031 000 g = 1 031 000 000 mg

5 c

0,542 t $\xrightarrow{\cdot 1000}$ 542 kg $\xrightarrow{\cdot 1000}$ 542 000 g $\xrightarrow{\cdot 1000}$ 542 000 000 mg

0,542 t = 542 kg = 542 000 g = 542 000 000 mg

Seite 46:

3 Mindmap

„Wiederholung von Größen, Maßen und deren Umrechnungszahlen“

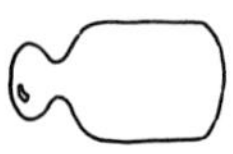

Milligramm	mg		
Gramm	g	1 g = 1 000 mg	· 1 000
Kilogramm	kg	1 kg = 1 000 g	· 1 000
Tonne	t	1 t = 1 000 kg	· 1 000

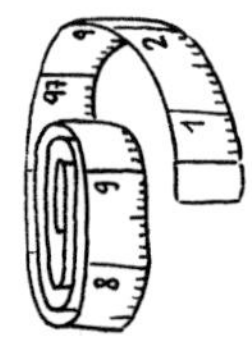

Millimeter	mm	1 mm	
Zentimeter	cm	1 cm = 10 mm	· 10
Dezimeter	dm	1 dm = 10 cm	· 10
Meter	m	1 m = 10 dm	· 10
Kilometer	km	1 km = 1 000 m	· 1 000

Cent	ct		
Euro	€	1 € = 100 ct	· 100

Sekunde	s	
Minute	min	1 min = 60 s
Stunde	h	1 h = 60 min
Tag	d	1 d = 24 h
Jahr	a	1 a = 365 d

Seite 66:

3 Mindmap

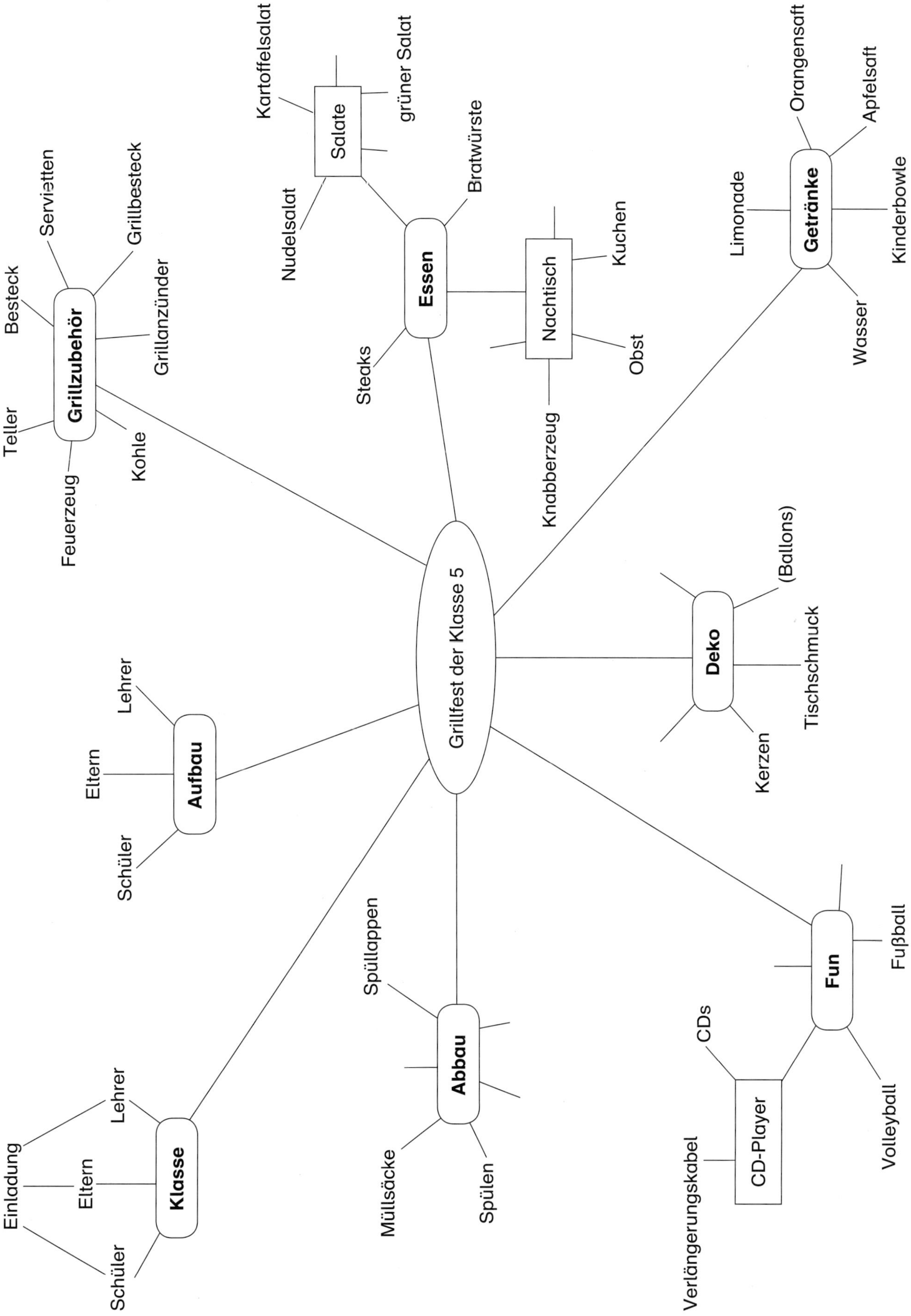

Ich – Du – Wir (Think – Pair – Share)

Ziele

- Der Anteil echter Lernzeit wird erhöht.
- Die Schüler können sich Inhalte eigenständig erarbeiten und vertiefen. Eigene Ideen, Lösungsmöglichkeiten und unterschiedliche Perspektiven treffen aufeinander und werden gemeinsam weiterentwickelt.
- Die Schüler erhalten die Möglichkeiten, eigene Schwierigkeiten zu erkennen und mit anderen zu beheben.
- Allgemeine soziale Kompetenzen und wichtige Schlüsselqualifikationen für das bevorstehende Berufsleben werden aufgebaut, z. B. Teamfähigkeit und Rücksichtnahme.
- Die Schülerinnen und Schüler werden durch die Redeanlässe im Argumentieren und Kommunizieren geschult.
- Die Schüler helfen sich gegenseitig und schaffen so eine sinnvolle Differenzierung.

Voraussetzungen

Die Schüler sollten sozial in der Lage sein, mit anderen in Gruppen zusammenzuarbeiten und mit diesen in Dialog zu treten. Vorteilhaft wäre hier, wenn die Lernenden die Methode der Gruppenarbeit bereits anwenden können.

Vorgehensweise

Die Methode wird in 3 Phasen durchlaufen:

1. Ich (Think): Individuelles Arbeiten
   Die Schüler machen sich eigenständig mit der Themenstellung vertraut. Sie stellen individuelle Bezüge zu ihrem Vorwissen her, entwickeln erste Ideen und erproben eigene Lösungsstrategien. Gleichzeitig identifizieren sie persönliche Lücken und Hemmnisse.
2. Du (Pair): Austausch mit dem Partner
   Austausch mit einem Partner (z. B. Banknachbar). Dabei wechseln die Rollen zwischen Informant und Zuhörer. Die Partner fragen bei Bedarf nach, helfen sich gegenseitig bei der Klärung offener Fragen und diskutieren strittige Punkte. Gemeinsam arbeiten sie an der Optimierung des Lösungsweges.
3. Wir (Share): Austausch in der Gruppe
   Die Partnergruppen gleichen ihre Ergebnisse in einer Gruppenarbeit (4 bis 6 Personen) ab und einigen sich auf eine gemeinsame Präsentation.

Veranschaulichung

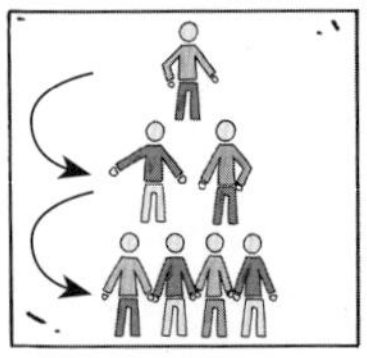

Hinweise/Tipps zur Durchführung

Zur Konzeption der Lerntandems und der Lerngruppe gibt es verschiedene Möglichkeiten:

1. Jeder Schüler sucht sich selbstständig nach der Ich-Phase seinen Partner für die Du-Phase. Weiterhin können sich die Schüler auch selbstständig für die Gruppenphase (Wir-Phase) organisieren. Eine Größe von 3 bis 5 Schülern wäre hier sinnvoll. Die Praxis hat gezeigt, dass es sinnvoll ist, wenn die Lehrkraft auf jeden Fall eine konkrete Anzahl vorgibt.
2. Die Lehrkraft bestimmt den jeweiligen Lernpartner (Du-Phase) und die konkrete Gruppenzusammensetzung in der Wir-Phase. Welche Einteilungen sich hier anbieten, kann z. B. im Steckbrief der Gruppenarbeit nachgelesen werden.

Lerntempoduett (Lerntempogruppe)

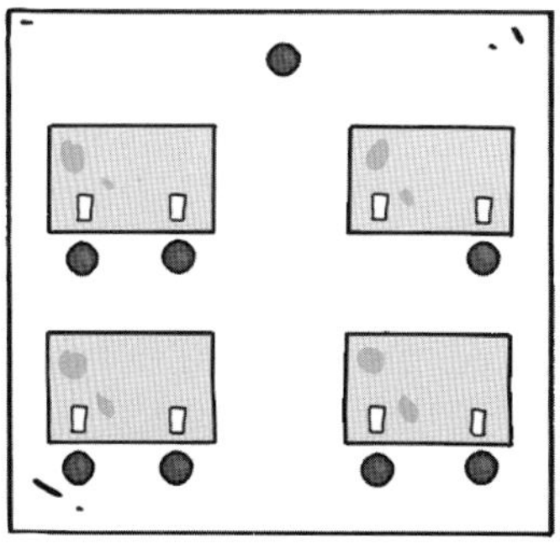

Ziele

- Die effektive Nutzung der Lernzeit wird erhöht.
- Das individuelle Lerntempo wird stärker berücksichtigt und somit eine einfache Differenzierung nach Leistungstempo und -niveau ermöglicht.
- Die individuellen Fähigkeiten der Schüler werden besser berücksichtigt und dadurch deren Motivation erhöht.
- Es entstehen Redeanlässe und somit die Möglichkeit des kommunikativen Austauschs und der gegenseitigen Unterstützung.
- Unterschiedliche Lösungsansätze werden gemeinsam abgeglichen.

Voraussetzungen

- Die Schüler kennen Verhaltens- und Kommunikationsregeln für Partner- und/oder Gruppenarbeit.
- Sie sind sozial in der Lage, mit einem anderen Lernpartner zusammenzuarbeiten oder sollen darin geschult werden.

Vorgehensweise

Die Schüler arbeiten zunächst alleine, aktivieren so ihr individuelles Vorwissen oder erarbeiten neue Inhalte. Sobald ein Schüler mit der Aufgabe fertig ist, steht er auf und positioniert sich für andere sichtbar an einer vorher abgesprochenen Stelle – dem Treffpunkt – im Klassenzimmer, um zu signalisieren, dass er fertig ist. Der Nächste, der seine Arbeit beendet hat, holt ihn ab, sie suchen sich einen freien Platz und arbeiten gemeinsam weiter. Die weitere Zusammenarbeit besteht in der Regel aus dem Abgleich der bisherigen Ergebnisse und gegebenenfalls einer weiteren Vertiefung des Themas.

Hinweise/Tipps zur Durchführung

- Machen Sie den Treffpunkt kenntlich; besonders bei jüngeren Schülern bietet es sich an, ein laminiertes Schild „Treffpunkt“ aufzuhängen, das anzeigt, wo auf den Lernpartner gewartet werden soll.
- Für eine reibungslose Durchführung sollte ausreichend Platz zur Verfügung stehen. Zum einen um den Treffpunkt zu installieren, zum anderen sollte mindestens ein freier Tisch zur Verfügung stehen, an dem das erste Lernduett weiterarbeiten kann.
- Unnötige Materialien sollten vorher von den Schülertischen entfernt werden, da die Schüler im Laufe der Arbeitsphase die Plätze wechseln.
- Achten Sie auf eine effektive Nutzung der Lernzeit. Es sollen keine größeren Wartezeiten an dem Treffpunkt entstehen. Manche Schüler neigen dazu, darauf zu warten, mit dem „besten Freund“ zu arbeiten. Eventuell muss steuernd eingegriffen werden.
- Bei arbeitsteiliger Arbeit können die Arbeitsmaterialien in unterschiedlichen Farben gestaltet werden, sodass die Schüler von Weitem sehen, welche Aufgaben die wartenden Lernpartner bearbeitet haben.
- Die Methode bietet sich für Lerntempoduette an, aber auch für Kleingruppen mit maximal 3 Personen. Bedenken Sie, dass sich die Lernzeit mit wachsender Gruppengröße unverhältnismäßig erhöht und damit ungenutzt verstreicht.

Der heiße Stuhl

Ziele

- Die Schüler nehmen fremde Perspektiven deutlicher wahr und steigern so ihre Empathiefähigkeit.
- Durch die klare Rollenverteilung können verschiedene Anlässe, also auch Konfliktsituationen, im „geschützten Raum“ nachgestellt und eingeübt werden.
- Die Methode kann den Schülern helfen, auch in Konfliktsituationen, den friedlichen Umgang miteinander zu wahren.
- Die Experimentierfreude, Improvisationsfähigkeit, Kreativität und die Lust am Sprechen werden gefördert.

Voraussetzungen

- Die Bereitschaft der Schüler sich auf ein Rollenspiel einzulassen, was mit zunehmendem Alter schwieriger wird.
- Die Ernsthaftigkeit der Methode wird von den Schülern wahrgenommen. Daher ist es wichtig klarzustellen, dass die Person auf dem heißen Stuhl nicht „an den Pranger“ gestellt wird.

Vorgehensweise

Normalerweise wird im Klassenverband gespielt. Innerhalb der Gruppe übernimmt ein Schüler die Rolle einer bestimmten fiktiven oder realen Person und beantwortet aus deren Sicht die Fragen der restlichen Schüler, denen ebenfalls Rollen zugeteilt werden können. Der ausgewählte Schüler setzt sich den fragenden Schülern frontal gegenüber. Beginnend mit einfachen Fragen können die Schüler immer mehr über die Figur in Erfahrung bringen. Um den einzelnen Schüler zu entlasten, können auch mehrere Schüler diese Rolle übernehmen. Zudem ermöglicht die Auswahl von mehreren Schülern ein komplexeres Bild der Figur.
In einem gemeinsamen Abschlussgespräch sollten die Beobachtungen und das Besprochene reflektiert werden.

Veranschaulichung

Hinweise/Tipps zur Durchführung

- Damit möglichst viele Schüler sich aktiv beteiligen, kann die Klasse auch in Kleingruppen aufgeteilt werden. Wie die Einteilung der Gruppen erfolgen kann, s. Steckbrief zur Gruppenarbeit.
- Wenn die Methode den Schülern unbekannt ist, können sie mit Rollenkarten (hier z. B. S. 15) unterstützt werden.
- Die Person auf dem heißen Stuhl kann die Rolle einer öffentlichen bzw. historisch bekannten Person übernehmen. Die Methode kann auch in sozialen bzw. gesellschaftlichen und politischen Kontexten eingesetzt werden. Dann schlüpfen die Schüler in die Rolle von Einzelgängern, Politikern und Lobbyisten.
- Sollte die Diskussion in eine nicht intendierte Richtung verlaufen, sollte die Lehrkraft gegebenenfalls regulierend eingreifen.
- Der/die jeweilige/n Schüler muss/müssen vor der Abschlussbesprechung wieder aus seiner/ihrer Rolle herausgeholt werden. Jetzt spricht jeder Schüler wieder für seine Person und nicht für die vorher dargestellte Rolle.

Passt! Passt nicht!

Ziele

- Die Schüler wiederholen, vertiefen und vernetzen bekannte mathematische Eigenschaften, Begriffe und Regeln.
- Die mathematischen Kompetenzen des Kommunizierens und Argumentierens werden gefördert.
- Gesetzmäßigkeiten, die bisher noch nicht bekannt sind, können so eingeführt und erkannt werden.

Voraussetzungen

Es ist hilfreich, wenn die Schüler grundsätzlich über mathematische Sachverhalte sprechen, diskutieren und hierzu auch argumentieren können.

Vorgehensweise

- **Vorbereitungen:** Als Material müssen genügend Schilder vorbereitet werden, für jede Gruppe ein „Ja"- und ein „Nein"-Schild. Alternativ können die Schüler diese Schilder selbst herstellen. Die Klasse wird in Kleingruppen eingeteilt. In jeder Kleingruppe übernimmt ein Schüler die Funktion des Rateleiters.
  Der Rateleiter formuliert selbst eine Regel/Eigenschaft oder entnimmt diese aus dem Mathematikbuch, dem Regelheft oder aus einer vorgefertigten Liste. Er notiert sich diese Regel schriftlich, hält sie jedoch geheim. Alternativ kann auch die Lehrkraft diese Regeln bereits vorgeben und in Form von Kärtchen und Gegenständen austeilen.
- **Raten und Überprüfen:** Der Rateleiter stellt die Schilder „Ja" und „Nein" vor sich auf den Tisch. Davor werden verschiedene Objekte ungeordnet auf den Tisch gelegt, z. B. das Bild einer Figur, eines Körpers oder einer Lösungsmenge. Der Rateleiter stellt die Frage: „Hat er/sie/es die Eigenschaft?" oder „Erfüllt er/sie/es meine Regel?" Die Gruppenmitglieder können zunächst nur raten. Anschließend legt der Rateleiter das entsprechende Objekt zum richtigen Schild. Die Gruppenmitglieder erhalten dadurch einen Hinweis, welche Eigenschaft, Regel, usw. gemeint sein könnte.
  Wenn ein Gruppenmitglied eine These hat, kann es selbständig weitere Objekte zuordnen und so seine These überprüfen. Wenn die Zuordnung korrekt ist, flüstert der Ratende dem Rateleiter die Lösung zu.
- **Reflexion:** Gruppenmitglieder, die die richtige Lösung noch nicht sicher erkannt haben, erhalten zunächst die Möglichkeit, die eigenen Ideen und Vermutungen vorzustellen. Erst dann teilen diejenigen, die die gesuchte Eigenschaft herausgefunden haben, dem Rest der Gruppe die Lösung mit. Der Rateleiter kontrolliert die Lösung.
  Wenn mehrere Gesetzmäßigkeiten behandelt werden, kann nun auch die Rolle des Rateleiters an einen weiteren Schüler übergehen.

Veranschaulichung

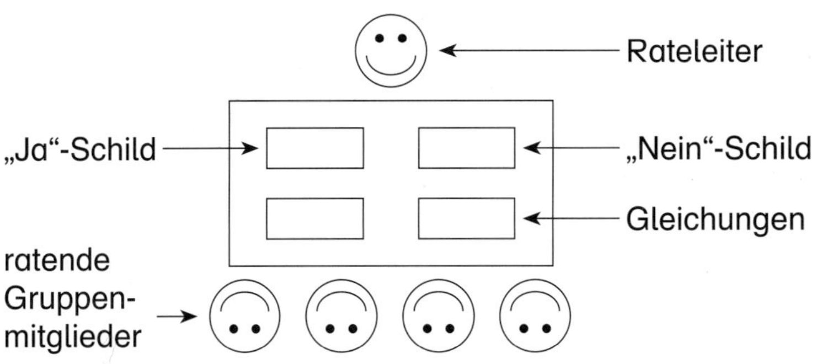

Hinweise/Tipps zur Durchführung

- Bei der Einführung der Methode nicht zu komplexe Eigenschaften und nicht zu viele verschiedene Objekte verwenden, so wird das ziellose Raten vermieden.
- Wenn die Methode den Schülern noch nicht vertraut ist, kann die Durchführung zunächst im Plenum erfolgen. Der Rateleiter zeichnet z. B. vier Objekte an die Tafel oder auf eine Folie und ordnet diese den Schildern „Ja" und „Nein" zu. Ein weiteres Objekt wird gezeichnet, das von den Ratenden richtig zugeordnet werden muss. Dies kann so lange weitergeführt werden, bis die Regel erkannt wird.
- Möglicher Zusatz: Nach mehreren Raterunden können die Gruppenmitglieder ein Feedback geben, z. B. welche Regel leicht bzw. schwer zu erraten war.

Gruppenarbeit

Ziele

- Es werden soziale Kompetenzen aufgebaut bzw. erweitert.
- Die Schüler werden im Argumentieren und Kommunizieren geschult.
- Die verschiedenen Lernebenen (abhängig vom jeweiligen Lerntyp) werden berücksichtigt.
- Die Schüler setzen sich intensiver mit dem jeweiligen Unterrichtsgegenstand auseinander.
- Mehrere Perspektiven und Lösungsmöglichkeiten werden in der Gruppe besprochen.
- Die Schüler können sich in der Lerngruppe gegenseitig helfen.
- Das eigenständige, selbstständige Arbeiten der Schüler wird gefördert.

Voraussetzungen

- Die Schüler sollten sozial in der Lage sein, mit anderen zusammenzuarbeiten. Vorteilhaft wäre hier, wenn die Lernenden die Methode der Partnerarbeit bereits anwenden können.
- Die Schüler sollten es gewöhnt sein, selbstverantwortlich und selbstständig zur arbeiten, in dem sie z. B. Arbeitsabläufe planen und ihre Arbeit verantwortungsvoll organisieren.

Vorgehensweise

Die Schüler arbeiten kooperativ und eigenverantwortlich in Gruppen mit meist 3 bis 6 Schülern. Die Lehrkraft übernimmt die Rolle des Beobachters und Beraters. Anschließend werden die Arbeitsergebnisse meist vor der ganzen Klasse präsentiert. Hier haben die Schüler ein hohes Maß an Gestaltungsfreiheit.
Folgender Arbeitsablauf für die Gruppenarbeit wird vorgeschlagen:

1. Einrichten der Gruppentische bzw. der Arbeitsplätze
2. Vereinbaren der Gruppen-/Arbeitsregeln, z. B.:
   - Vereinbaren von Gesprächsregeln,
   - Beschaffung des Arbeitsmaterials,
   - Verteilung der Aufgaben in der Gruppe,
   - Erstellen eines Zeitplans,
   - Dokumentation der Arbeitsergebnisse
3. Die Gruppenarbeit kann arbeitsteilig oder arbeitsgleich angelegt sein.

Veranschaulichung

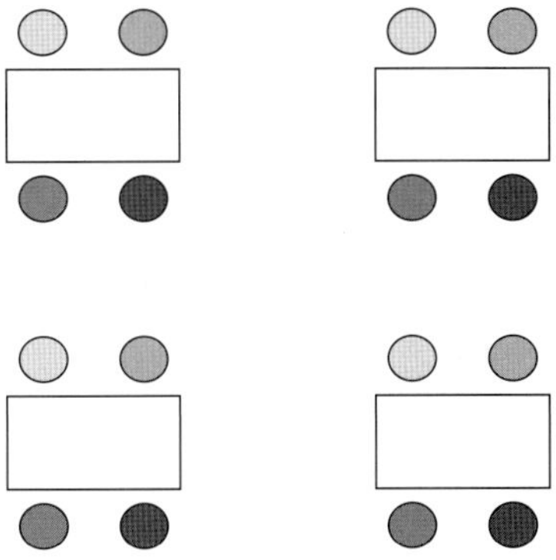

Hinweise/Tipps zur Durchführung

- Die Gruppenzusammenstellung kann nach unterschiedlichen Kriterien erfolgen:
  - Zufallsgruppen durch Losen o. ä.
- Durch die zufällige Zusammensetzung der Gruppen wird die soziale Kompetenz der einzelnen Schüler erhöht.
  - Sympathiegruppen: Die Schüler bilden eigenständig ihre Arbeitsgruppe.
    Dies erhöht die Motivation zur Zusammenarbeit und mögliche Probleme werden minimiert. Findet ein Schüler keine Gruppe, muss die Lehrkraft jedoch steuernd eingreifen.
  - Leistungshomogene Gruppen:
    Hier ist eine Differenzierung durch unterschiedliche Themen oder Schwierigkeitsstufen sinnvoll.
  - Bilden von leistungsheterogenen Gruppen:
    Hier können leistungsschwächere Schüler Unterstützung durch leistungsstarke Schüler erfahren.
- Achten Sie darauf, dass jedes Gruppenmitglied eine Aufgabe übernimmt und nicht in der Anonymität der Masse untätig bleibt. Folgende Aufgaben könnten z. B. verteilt werden: Moderator, Protokollant, Vorleser, Materialverantwortlicher, Zeitwächter, usw.
- Die Gruppenarbeit bietet sich in der Regel an, um Inhalte handlungsorientiert zu bearbeiten, da so Perspektivenwechsel und neue Standpunkte von selbst auftreten bzw. leicht realisiert werden können.

Auer

Auer empfiehlt

Die optimale Ergänzung zu diesem Buch:

64 S., DIN A4
- Best-Nr. **07152**

Kerstin-Andrea Schmidt

Selbstkontrollaufgaben Mathematik Klasse 5

Lehrplanrelevante Arbeitsblätter mit integrierter Lösung

- Lassen Sie`s die Schüler selbst machen!

Dieser Band bietet Ihnen motivierende Übungsaufgaben, welche die Lösung schon in sich tragen - so können Lehrplanthemen auf spielerische Art in Freiarbeitsphasen von den Schülern selbstständig vertieft werden. Und Sie brauchen sich nicht um die detaillierte Kontrolle kümmern, sondern können sich auf andere Bereiche konzentrieren! Denn die Schüler erkennen nach der Bearbeitung selbst, ob sie die Aufgaben richtig gelöst haben oder nicht. Ein kurzer Blick von Ihnen auf das Arbeitsblatt genügt, um den Lernfortschritt Ihrer Schüler zu erfassen. Da macht die Übungsphase Schülern wie Lehrern Spaß!

Die Themen dieses Bandes:

- Natürliche Zahlen | Addition und Subtraktion | Multiplikation und Division | Grundrechenarten vermischt | Mit Größen rechnen | Geometrie

Dieser Band enthält:

- Mehrere Arbeitsblätter mit integrierter Lösung | übersichtliche Lösungen für die Lehrerhand

WWW.AUER-VERLAG.DE
WEBSERVICE
www.auer-verlag.de/go/
07152

Blättern im Buch

Download

Leseprobe

Weitere Titel zu dem Thema:

Otto Mayr
Hausaufgaben Mathematik Klasse 5
Schluss mit Hausaufgabenfrust!
76 S., DIN A4
- Best-Nr. **06737**

Regina Nizold
Lerninhalte selbstständig erarbeiten Mathematik 5
Mit Tippkarten Schritt für Schritt zur richtigen Lösung!
84 S., DIN A4
- Best-Nr. **07139**

Dietrich Hinkeldey
Problemorientierte Mathematikaufgaben Klasse 5/6
Problem erkennen, Hilfekarten wählen, Aufgabe selbstständig lösen!
64 S., DIN A4 mit CD-ROM
- Best-Nr. **07062**

Bestellschein (bitte kopieren und faxen/senden)

Ja, bitte senden Sie mir gegen Rechnung:

Anzahl	Best.-Nr.	Kurztitel
	07152	Selbstkontrollaufgaben Mathematik Klasse 5
	06737	Hausaufgaben Mathematik Klasse 5
	07139	Lerninhalte selbstständig erarbeiten Mathematik 5
	07062	Problemorientierte Mathematikaufgaben Klasse 5/6

☐ Ja, ich möchte per E-Mail über Neuerscheinungen und wichtige Termine informiert werden.

E-Mail-Adresse

Auer Verlag
Postfach 1152
86601 Donauwörth

Fax: 09 06 / 73-178
oder einfach anrufen:
Tel.: 09 06 / 73-240
(Mo-Do 8:00-16:00 & Fr 8:00-13:00)
E-Mail: info@auer-verlag.de

Absender:

Aktionsnummer: 9066

Vorname, Nachname

Straße, Hausnummer

PLZ, Ort

Datum, Unterschrift

Rechenregeln beachten II – Punkt- vor Strichrechnung

Berechne jeweils das Ergebnis.
Beachte die Regeln. Suche die jeweilige Lösung in dem Bild und male das Feld in der angegebenen Farbe aus.

1. $900 - (75 + 17) =$ ______ (blau)

2. $90 : (10 : 2) =$ ______ (gelb)

3. $199 - (13 + 87) =$ ______ (grün)

4. $400 : (4 \cdot 5) =$ ______ (blau)

5. $(169 : 13) \cdot 3 =$ ______ (rot)

6. $900 : 15 : 10 =$ ______ (gelb)

7. $13 \cdot (108 : 12) =$ ______ (grün)

8. $(864 : 72) \cdot 5 =$ ______ (rot)

9. $456 - 4 \cdot 111 + 2 =$ ______ (gelb)

10. $471 \cdot 13 + 5 =$ ______ (blau)

11. $12 : 4 + 196 =$ ______ (gelb)

12. $8100 : 90 + 77 =$ ______ (grün)

13. $8 + 5 \cdot 16 - 7 =$ ______ (gelb)

14. $9 + 3 \cdot 140 - 11 =$ ______ (rot)

15. $900 : (5 \cdot 20) + 1 =$ ______ (grün)

16. $2007 : 3 + 21 =$ ______ (blau)

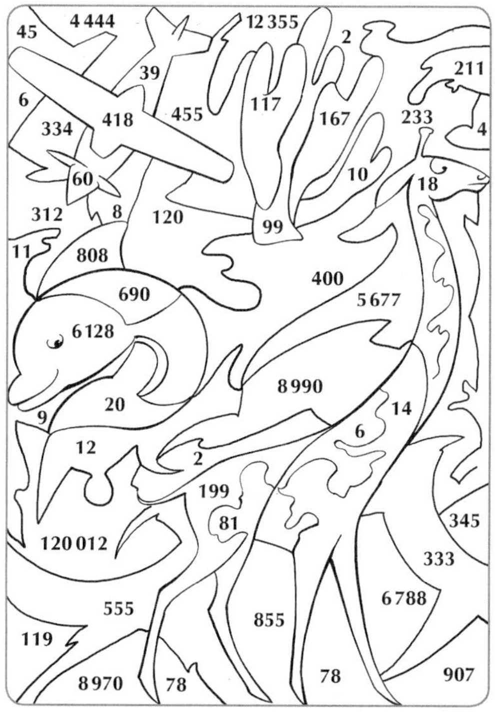

Kerstin-Andrea Schmidt: Selbstkontrollaufgaben Mathematik Klasse 5
© Auer Verlag – AAP Lehrerfachverlage GmbH, Donauwörth